の巨人
イアント馬場
門馬忠雄
文藝春秋

雲上の巨人　ジャイアント馬場

目次

カバー写真（表１）　検見﨑誠
カバー写真（表４）　文藝春秋写真資料室
表紙・化粧扉写真　原　悦生
本文内写真　門馬忠雄
原　悦生
文藝春秋写真資料室
ＤＴＰ制作　トリロジカ
装　丁　関口聖司

雲上の巨人　ジャイアント馬場

第一章
「ジャイアント馬場」のできるまで

「なあ、モンちゃん、あんまり飲むなよな……」

ゆったり間延びした声が呪文の如く耳元から離れない。

いつもいつも、会う度にやられた。耳に痛かった。

〝東洋の巨人〟と称され、日本人離れした体格を誇る、希代の大型プロレスラー、ジャイアント馬場。本名・馬場正平。1999年1月31日死去。享年61。

亡くなってもう22年がたつ。私と同じ昭和13年の寅年生まれ、私より5ヶ月ばかり早く生まれたデカい兄貴である。

こんな時、彼だったらどうしただろうか。私の日常生活のなかに馬場さんが溶け込んでいる。

布団の敷布代りにしているのが全日本プロレス初期の特大バスタオル。妻が愛用するのは16文の大きな足がプリントされた布地のショッピング・バッグ。お出かけは馬場「16文募金」プレート入りのキーホルダーとともに。帰ってくれば三沢光晴、川田利明、田上明、小橋建太らと一緒にジャイアント馬場のフィギュアが玄関先で出迎えてくれる。

絶頂期の肉体は推定サイズ209センチ、135キロ。ニタリ、含み笑いの馬場さんの、あの残像がいまだに網膜に焼きついて離れない。

２０２０年は2度目の東京オリンピック大会開催で列島全体が沸き返る筈だった。ところが早春に新型コロナウイルスが日本に侵入する。みるまに感染が拡大し、疫病が世界規模で蔓延した。4月7日になって政府が「緊急事態宣言」を発出すると、あっという間に社会活動が停滞し、あらゆるイベントが自粛から延期や中止に追い込まれている。

２０１９年2月19日、新元号「令和」になる2ヶ月前、東京・両国国技館で「ジャイアント馬場没20年追善興行」が行われたが、新型コロナ禍という異常な事態に、馬場さんの話題など吹っ飛んでしまった。

しかし私にとって没20年追善興行は昭和プロレス絵巻の再現に映った。あの両足合わせて32文ロケット砲と言われた豪快なドロップキック。ジャイアント馬場のダイナミックなファイト・シーンが甦ってくる。

こんな時代、全日本プロレスのオーナー、ジャイアント馬場は、選手やスタッフに、どんな対応をとるだろうか。つい普段と違う厳しい顔が浮んだ。

選手の引き抜き騒動など、数々のピンチを迎えても、「あわてるな、大丈夫だ！」と社長室のソファに足を組んでドッシリ構え、泰然自若たるポーズ。大きいことはいいことだ、とばかり、周囲に安心感を与えるのだ。この特異なキャラクターであらゆる難局を乗り切ってきた。

だが実際の馬場さん、大きな体に似合わず慎重で用心深い。内実は臆病で本当は怖がりだった。

全日本プロレスのオーナーとしての馬場は「信用」と「信頼」を経営理念に、人と人とのつながりを大事にした人だ。嘘をことさら嫌った。媚を売って近づく人は決してそばに寄せ付けなかった。

こうしたブレない姿勢は、ライバル団体や一部関係者から〝馬場個人商店〟と批判された。それでも馬場は全日本プロレスを軌道に乗せ、攻撃一辺倒型のアントニオ猪木が率いる新日本プロレスと競い合ってきた。

全盛期を過ぎても馬場さんは、現役プロレスラーという露出度の高さと特異な個性が買われ、テレビの寵児ともてはやされた。

1981年2月、東京・銀座の近藤書店（開業100年）のポスターに起用されたのを皮切りに、「ボクにも弾けた」のキャッチフレーズが人気を呼んだ日本楽器製造（YAMAHA）のテレビCM、1988年4月、江崎グリコのジャイアントコーンなどアイスクリーム、チョコレート製品のCMにも登場。1980年代から90年代まで〝テレビCMの帝王〟とまでいわれ、あの恥ずかしがり屋の馬場さんの笑顔をお茶の間で見られなかった日はなかった。

プロ野球で挫折した大男は、異業種で花を咲かせ、長嶋茂雄、王貞治に肩を並べる20世紀のヒーローになった。

晩年、肉体の衰えを隠し切れず、肋骨の浮き上がった上半身は、洗濯板とも揶揄される。それでも人気は不動のままで、スローモーだが独特な仕草と含羞の笑みが受け〝アポーウ〟を代名詞とするキャラを生み、新たなタレント性で圧倒的な存在感を見せた。

病魔で倒れるまで現役を貫き通したジャイアント馬場のプロレスラーとしての実働は38年。私が担当者として付き合ったのは34年間であった。公私ともにお世話になった。

私は、周囲に複数の人間がいれば「馬場さん」、一対一で対面しているときは「馬場ちゃん」と呼んだ。同じトシで、馬場さんは新潟、私は福島と、互いに地方出身ということもあってか、妙に波長が合った。

「なあー、モンちゃん、ゴルフは覚えておいて損しないぞ！」

イヤな注文までつけてきたことがあった。

日常での争い事を好まなかった馬場さんだが、実に多趣味、多芸の人だった。野球、ゴルフ、卓球、バスケットボール、水泳。テレビの時代劇、読書（時代物、歴史小説）、歌は民謡と童謡。麻雀、カードゲームを好み、トランプを使った手品までやった。驚くほどに幅広い。

彼が特に好きだった油絵では、「キャンバスに向かっているとつい時間を忘れてね……」と夜明けまでということもあった。巡業にスケッチブックと画材を持ち歩くほどの熱の入れようだった。

新型コロナ禍で個々の行動が制限される異様な生活環境になっても、ジーッと耐えられただろう。人間、何事も辛抱。多趣味は身を助ける。

「そうだよね、馬場さん」

そんなつぶやきが届いたのか、〝雲上の巨人〟ジャイアント馬場はニンマリうなずいてくれた気がする。思い出は尽きない。

本書は、現場第一を貫いて58年になる私の、もっとも思い入れの深かった人、ジャイアント馬場の回想録だ。馬場正平、元子夫妻を巡る昭和プロレス盛衰記でもある。ジャイアント馬場という偉大なるプロレスラーがいたことを知らない世代、若い方々にこんなグレイテストがいたことを伝えてみたい。

初対面は石巻で

ジャイアント馬場と私の出会いは、忘れもしない。プロレス取材初めての旅となった東北巡業でのことだった。

私は叔父が草相撲の横綱だったことから大相撲の担当記者になりたかった。

１９６２年３月に、東京スポーツ新聞社へ入社し、２年目の63年から運動部に配属された。ボクシング、水泳など一般スポーツを担当していた駆け出し時代の１９６４年10月、東京での日本初のオリンピック大会の取材を終えたあと、突然、配置転換を通告されたのである。

「お前、あしたからプロレスやってくれ！」

「エッ……」

声が出なかった。プロレス、プロ野球の報道が主流の夕刊スポーツ紙、という社の性質は理解していても、私はプロレスに関してはまったく無知だった。あまりにも乱暴すぎる。

私はリキ・ボクシング倶楽部オーナーが力道山ということは知っていてもプロレスラーとしての力道山の実像は想像もつかない。ハンマーで殴られたようなショックだった。

「なんで俺がプロレスなんだよ……」

その晩は荒れ狂った。中央線は中野駅北口で、ぶっ倒れるほど飲んだ。

64年10月末、仕方なく日本プロレス「秋の陣」後半戦の取材に向かった。急なことに北帰行だ。10月31日、宮城県石巻小学校における野外試合だった。選手は控えテントの中である。

馬場はこの年の5月29日、豊登道春とのコンビでアジア・タッグ王者になり、国内初のタイトルを獲得していた。次期エースとして期待され、ナンバー2の位置にあった。26歳だった私が、挨拶をしないことには取材が成り立たない。

名刺を渡すと馬場は言った。

「あんたウチの姉さんと似ているね、何年生まれ？」

「昭和13年生まれの寅ですよ」

「ホウー、同じ歳の学年違いか」

馬場さんはレスリング・シューズの紐を結ぶ手を休めて、ニッコリと顔をあげた。このひとことで、すべてが救われた感じだ。ほんわかした人当り、プロレスラーという言葉から連想される猛々しさがない。安心して付き合える気がした。

「あんた、どこの生まれ？」

「福島県相馬市ですよ」

「浜通りだね。野馬追（国の重要無形民俗文化財）のところだ。福島の中通りなんかと、言葉も習慣も違うんだろう？」

あれっ、この人、と驚いた。ほかのスポーツ選手にはないような知識がある。

ゆったりした口調に、相手を包み込む優しさが感じられた。プロレスに対する私の恐怖感を消し飛ばしてくれた。

実は以前にプロレス関係の取材を初めてした時には、身の縮むような体験をさせられている。63年12月15日、その数日前に暴漢に刺されて入院していたプロレスの祖・力道山が、その傷が原因で不慮の死を遂げた。東京・赤坂、慟哭の夜のことだ。

私はその日、いつものように後楽園ホールでプロボクシングの取材を終え、港区浜松町1丁目の社に戻って観戦記事を書き始めた。

同行した鈴木皓三カメラマンが生乾きのフィルムを持ったまま暗室から飛び出してきた。午後11時ごろだったと思う。

「力道山が死んだ！」

テレビの緊急テロップを見て知ったのだ（力道山の死亡時刻は午後9時50分）。力道山の遺体は入院先の赤坂・山王病院から自宅のリキ・アパートに移されたという。背景に暴力団関係の抗争が絡んでいたとも噂される。

何がなんだかわからぬままリキ・アパートに飛び込んだ。取材現場は殺気立っていた。「日経」さんも「産経」さんもいた。着いたのは5、6番目だったと思う。

社の腕章をつけていても役に立つわけがない。棺を撮影したカメラマンが黒い背広の男にカメラを取り上げられ、フィルムを抜き取られた。寒さを忘れるほどに怖かった。

力道山の棺を運ぶプロレスラーの身体の大きさにビックリさせられた。ファイティング原田、海老原博幸、青木勝利の〝軽量級三羽烏〟の全盛期だ。日々、フライ級、バンタム級のプロボクサーと接してきた自分には、すべてが異次元の世界に映ったのだ。

社に戻ったのは、夜が明け、都電（浜松町一丁目停車場）がガタゴト動き出した頃だ。プロレスとの初遭遇は恐しさと寒さの記憶である。いまなお五感にこびりついている。

規格外のデッカい兄貴

初めて見たジャイアント馬場の身体のサイズには、田舎の言葉で「ぶったまげた」の声しか出なかった。

東北巡業での出会いから、この大きさへの印象が会う度に増幅する。石巻の会場では、緊張のあまり、馬場の肉体を上から下まで観察できなかった。それにしても16文といわれた足は、見れば見るほどデカい。

脚を組んで、投げ出された足を見て、「ウォーッ」という声しか出ない。

馬場さんのレスリング・シューズは、他のレスラーと違って、踵の部分だけボコッと飛び出しているのが特徴だ。

馬場さんの足のサイズは34センチ、16文は約38・4センチ、16インチが約40センチ。16文の由来は、アメリカでの武者修行時代、ロサンゼルスで購入した靴に（16）のラベルがついていたことから始まる。

アメリカ初遠征で開発した16文キックは、野球の投手のワインドアップからヒントを受け、馬場さんならではの必殺技となった。「あれは偶然出た技だった」という。

16文キックと命名したのは報知新聞の故須藤英昭記者だ。１９６４年春、２度目のアメリカ遠征から帰国し、日本で大暴れし出した頃だ。活字メディアが「16文キック」という言葉を使いはじめ、日本テレビの実況中継で清水一郎アナウンサー、バトンを受けた徳光和夫アナウンサーが「出ました、ジャイアント馬場の必殺16文キック」と盛んに連発するようになった。

馬場さんが脚を組んだときの大腿部のぶっとさを見ると、これが人間の脚か、と思わず後ずさりしたくなるほどのド迫力だ。

それもトレーニング後、あるいは試合後に見る両脚の大腿部は、太い幹と言うより生き物のようだ。太い血管が浮きあがり、蛇がトグロを巻いて、息づいている感じなのだ。したたり落ちる汗が、全身の筋肉の躍動感を際立たせてくれる。

みなさんは、身近でプロ競輪選手の脚を見たことがあるだろうか。大腿部とふくらはぎの盛り上がりと張りは、尋常ではない。鍛え抜かれた筋肉はあくまで太い。

しかし、ジャイアント馬場の大腿部と競輪選手の脚を比較するのは少々無理がある。２０９センチという肉体の差に由来するスケールの違いは歴然だ。

私は長い付き合いのなかで痛恨のミスを犯している。ジャイアント馬場を正確に身体計測したデータを持っていないことだ。

はっきりしているのは絶頂期の最高体重が１４５キロということだけだ。身長２メートル９センチは、あくまで推定である。

プロ野球で怪我をし、左肘の手術をしていることから、プロレスラーとしては腕が細い。ある時、両腕の太さを測りたい、とお願いしたら、「余計な企てするなよ！」と極端にイヤな顔をされたことがあった。

そんな経緯があって、馬場さんの両腕、両脚、大腿部などのサイズを測るチャンスを逸したのだ。

ジャイアント馬場の最強の敵であった〝生傷男〟ディック・ザ・ブルーザーの上腕部の太さを測ったことはある。46センチだったから、若い女性のウェスト・サイズぐらいだろうか。

馬場さんの大腿部の周囲を計測した記録を見聞した記憶はない。関係者は「88センチぐらいはあったんじゃないか」と話していたが、いずれにしても85センチ以上はあっただろう。

なぜ、ジャイアント馬場の身体の大きさ、大腿の凄さにこだわるかというと、こういう規格外のプロレスラーがいたことを若い世代に伝えたいからだ。

昭和生まれ、平成生まれ、世代によって、ジャイアント馬場のイメージは違う。晩年の「アポーウ」のキャラではなく、絶頂期の〝東洋の巨人〟の凄さとありのままの姿を語るのが私の役目だろうと思う。

越後のリアカーと多摩川グラウンド

ジャイアント馬場が誇った無限のスタミナと卓越した基礎体力を語るうえで欠かせないのは、生まれ育った故郷、新潟県三条市における生活環境についてである。

青果商を営む父・一雄、母・ミツとの間に生まれた二男二女の末っ子だ。兄は太平洋戦争の激戦地、ガダルカナル島で戦死。父親が病弱だったために、馬場は小学5年生頃から母親を助け、家業を手伝う必要があった。

そして体が急に大きくなったのは、このころからだ。

馬場は早朝に起こされると、母と姉が仕入れた青果を山積みにしたリアカーを引いた。十数キロも離れた見附や加茂には、自転車にリアカーを結びつけて運んだのである。

冬になると雪が積もるから、リアカーがソリに替わる。さらに大幕張の出店作りを手伝ってからすっ飛んで家に帰って、すぐ学校に通ったというから凄い。

三条実業高校（現在の三条商業高）を2年で中退し、読売巨人軍に投手として入団するまで約7年間、この〝大人の仕事〟を続けたと言うから、半端ではない。遊びたい盛りなのに、家業に励んだ忍耐力と頑張りには敬服するしかない。

「あのころは、勉強なんかできるわけないよ。家に帰ったら、カバンをブン投げ、バタンキューだよ」

ふるさとを語る時の馬場さんの目は優しい。幅広の両肩を揺すって含羞の笑みなのだ。少年時代の苦労がリアルに伝わってくる表情である。

育った生活環境がゆるぎない基礎体力を作り、強靭な脚力を生み、無類のスタミナをつけた。正平少年は、普通の中高生にないキャリアを積んだことによって、我慢を覚え、向上心というエネルギーに変えた。

頑固さと我慢強さは、雪国・越後の風土にあるのだろう。これは気質にも通じる。「春を待つ」ぶれない精神力は、あらゆるピンチ、障害を乗り越える原動力になっていた。

基礎体力をつける第二段階で欠かせぬのは、読売巨人軍における多摩川のグラウンドでの猛練習だ。

「馬場はグラウンドでよう走りよったよ」と若き日の馬場正平投手のことを私に語ってくれたのが〝猛牛〟の異名で活躍した二塁手・千葉茂。巨人軍の二軍監督も務めた。

千葉さんはほかならぬ東スポ専属の野球評論家で、馬場と、のちに妻となる伊藤元子さんのキューピット役を果たした重要な人物だ。

野球班は第一運動部、私の属する体技班は第二運動部と呼ばれた。千葉さんの座るデスクと私の席は背中合わせである。

「馬場の口癖は『腹減った、腹減った』だよ。多摩川のグラウンドでくる日もくる日もよう走っておったよ。汗まみれで、腹減るわけだよ（笑）。あのころの経験が馬場の財産だね」

ユーモアたっぷり、ボソボソと話す千葉さんの語り口には説得力がある。多摩川のグラウンドで懸命に走っていたことがゼニの稼げる〝黄金の足〟を作りあげた。

馬場の読売巨人軍在籍は5年間。一軍公式戦登板は1957年の3試合のみ。計7イニング投げて防御率1・29、0勝1敗の記録が残っている。

主な球種はストレートとシュート。3年間にわたって二軍の最優秀投手賞を獲得している。57年には13勝2敗の成績をあげ、決してヘボ・ピッチャーではなかった。背番号「59」のユニフォームには、剛球投手のイメージが重なって愛着があったらしい。

馬場は59年のオフ、巨人軍から解雇の通告を受け退団。60年、大洋ホエールズの明石キャンプにテスト生として参加している時に、風呂場で転倒し、不運にも左ヒジの筋を切ってプロ野球生活を断念せざるをえなかった。

しかし、プロ野球選手としては、絶望と挫折を味わったが、巨人軍における5年間にわたる二軍生活は決して無駄ではなかった。

馬場さんが還暦を迎えた時、「Ｎｕｍｂｅｒ」４４２号（98年4月23日号）の「ワン・ショット・インタビュー」に答えて、多摩川グラウンドがなくなることに触れている。

〈あの多摩川で走ってたということが、やっぱり、今日ある一番のもとだと思うし。走るということを知ってるから、自分の体をなんとか動かせるように練習できる。これが走るということをやっていなかったら、例えば相撲取りで大きくなってレスラーになったとしたら、走る方法ということも知らないいじゃないですか。ただ、がむしゃらに走ればいいというもんでもないから。（中略）あの多摩川のグラウンドっちゅうのは、今の自分がある何割かは占めてると思うね〉

亡くなる直前の馬場さんは、さまざまなメディアに対し「ここまでプロレスをやれたのは、走るということを知っていたからだ。もし、俺がその前に相撲取りだったら、ここまでやっていられない」と決めゼリフのように答えている。

1998年1月23日、東京・後楽園ホールの「還暦記念試合」について、馬場さんは自著『王道十六文』（日本図書センター）でこう述べている。

〈オレがこの年まで現役を続けていられるのは、この大きな体のお陰だと思っています。高校に入学して足に合うスパイクが無く野球部に入部できなかった時や、巨人軍をクビになって、満員電車に乗って力道山道場に通った時は、大きな体を呪い、『もっと小さかったらなあー』と思ったものですが、プロレスラーとしてデビューしてからは、体の大きいことが物凄い有利だということがわかり、結局はこの体で稼いだんですから、今では感謝しています。巨体と新人時代にオヤジさん（力道山）とフレッド・アトキンスに厳しく鍛えられたのがオレの財産なんですね〉

新丸子の落魄時代

青年・馬場正平が赤貧のドン底から這い上がる姿を描いてみる。

プロ野球を断念し、1960年4月11日、力道山の日本プロレスに入団する前後の約半年の時期である。

その馬場さんの極貧時代を知るのは、プロボクシング元日本ミドル級王者、前溝隆男である。

私がボクシングを担当していた頃からの友人で、国際プロレスの元レフェリーだった。国際プロの仲間は、彼のことを「前溝のおっちゃん」と呼ぶ。

馬場さんは、この前溝のおっちゃんを「俺のそばにあまりこないでくれよ！」と煙たがった。読売ジャイアンツの千葉茂二軍監督よりももっと苦手とした人物だった。

馬場レポーターとして知られる〝ミスター週刊ゴング〟竹内宏介氏（故人）が、２００５年にジャイアント馬場7回忌追悼本として書いた『王者の魂　私たちは馬場さんを忘れない』（ジャイアント・サービス発行）の第2章では、「馬場正平、22歳……苦しみの中の挫折」と題して、川崎市新丸子のアパート暮らしの日々を克明にレポートしている。

読売ジャイアンツの合宿所を出た馬場は、ジャイアンツの練習用グラウンドがあった多摩川の向かい側の新丸子に四畳半、家賃四千円の木造アパートを借りた。

東京・渋谷から横浜・桜木町方面を結ぶ東横線の新丸子駅近くである。馬場の住んでいたアパートのそばに不二拳闘クラブというボクシング・ジムがあった。後に日本ミドル級王者となる前溝隆男、東洋太平洋ジュニア・ライト級王者・勝又行雄らを輩出する名門ジムである。馬場は体をナマらせたらいけないと前溝、勝又と一緒に多摩川の土手を走っていた。

〝浪人〟中の馬場は、こともあろうに岡本不二会長から「ヘビー級ボクサーになれよ！」とボクサー転向を勧められた事実があるというから面白い。

〈（怪我の影響で）左手指は曲がったままで、野球のグローブははめられないが、ボクシングのグローブならOKというわけだ。だが当時日本に、ヘビー級ボクサーなんて一人もいない。ちょっと無茶な話だった。

巨人軍多摩川練習場のグランド・キーパーのおじさんは、

「小林正樹監督を紹介するから、映画俳優になれ」

と言ってくれたが、どんな役柄の俳優になるのかはわかり切っている。これはありがたく辞退した。巨人軍時代の友人は、当時赤坂に新築中だったホテル・ニュージャパンに一緒に勤めようと誘ってくれた。だが私にホテルマンは似合いそうもない。

新橋のキャバレー『ミス東京』からも声がかかった。その真っ正面にあるもう一つのキャバレーが体の小さいドアボーイを使っていて、それに対抗して私をドアに立たせようという話だった。怒る気にもなれなかった。人間、自信を失っている時は、そんな話にも、

「ふざけるな！」

と怒れないものだ〉

とドン底の時期を『王道十六文』の中で告白している。

馬場はスポーツをやりたかった。「この大きな体を思いっきり動かしたい」。その気持ちがプロレスラーへの転向という指針になった。

読売ジャイアンツ時代に一度、力道山に会ったことがある馬場は、力道山が4月10日、ブラジル遠征から帰国することを聞いて、中央区日本橋浪花町（現在の日本橋人形町）にある日本

プロレスリング・センター（力道山道場）を4月11日に訪ねている。

力道山と面談した馬場は、軽い足の運動（ヒンズースクワット）をやらされたあと、

「よし、お前、明日から来いよ」

力道山からその場で入門OKの約束を取りつけた。60年4月11日、正式に日本プロレス入りを果たした馬場だが、元読売ジャイアンツのピッチャーという肩書きはあっても、プロレスはまったく畑違いの世界。一介の練習生としての扱いだった。

馬場の生活は一変した。川崎・新丸子のアパートから人形町までの力道山道場通いである。東横線で渋谷に出て、そこから国電の山手線に乗り換え、東京駅に行き、そこから都電で人形町に向かうのが普通のコースだったが、当時、お金のなかった馬場は、東京駅から道場まで歩いて通った。

そして、練習を終えて新丸子のアパートに戻るときも東京駅まで歩き、そこから山手線で渋谷に出て、懐が寂しいときは、東横線では10円区間の切符を買って新丸子の二つ手前の田園調布駅で降りて新丸子のアパートまで歩いて帰っていたという。

馬場さんはこの極貧時代を同じく『王道十六文』の中でこう書き綴っている。

〈駅というのはどうしてこんなに階段が多いのかと、うらめしかった。（中略）帰りに30円しか無く、渋谷から10円区間の田園調布まで乗って、あとは歩いたことも何度かある。翌日は、

これだけはかなりあった蔵書を古本屋に売って、電車賃に変えた。

仲間のカンパに出してしまったか、あるいはチャンコのお菜が予算オーバーしたか、よくは覚えていないが、渋谷に着いたら文無しだったこともあった。交番で〝20円貸してくれ〟などと頼んだら、

「ジャイアンツを首になって、そこまで落ちぶれたか」

と思われるに決まっている。仕方無く、歩いて帰る覚悟を決めた。渋谷から神奈川県川崎市の新丸子までは、たっぷり10キロ以上ある。トボトボと歩き出しながら、

「金が、落っこってないかなぁ」

と下ばかり見ていた。それが、落ちていたのだ。東横線のガード下の舗道に、女物の赤い小さな財布が落ちていた。すぐ拾うのも体が大きいから目立つし、カッコ悪い。靴の先でチョンと蹴って隅に寄せ、靴ひもを締め直すような素振りをしながら、拾い上げた。まだ百円玉の無いころで、手ざわりはペチャンコだったが、空財布かどうかはわからない。駅の横の公衆便所わきの薄暗がりに行って、中身を調べた。百円札が3枚入っていた。

何とも複雑な心境だった。ホッとした。後ろめたく、みじめだったが〝人間の執念って恐ろしいな〟とも思った。感謝した。〝オレは運の強い男だ〟とも思った。生れ落ちて22年余、落とし物をしたことはあるが、物を拾ったことは一度も無い。それが、

「金が落ちてないかな」

と思ったとたんに拾ったのだ。しかも3百円というのは、まことに適当な額だった。1万円でも入っていようものなら、やはり交番に届けなければならない。落とし主が出なければ謝礼を前借りするわけにもいかないから、やはり歩いて帰ることになる。空だったら、みじめな思いがつのるばかりだ。

私はその金で渋谷で一番安い35円のラーメンを食い、電車に乗って帰った。いまでも落とし主には感謝している〉

この一文を読んでいるうち、209センチの馬場さんが背をかがめて新潟・三条の実家近くの田んぼで落穂拾いをしている情景と、渋谷の雑踏を下を向いてトボトボ歩く姿が重なりあって、切なくなった。晩酌しながら、〝東洋の巨人〟の落魄の姿を想像していたら、グイ呑みから八海山がこぼれ落ちた。

それにしても竹内さん、馬場正平の住んでいた川崎・新丸子のアパート近くから力道山道場のあった人形町までのルートを自分の足で確かめるために、3往復したというから驚く。しかも馬場さんが絵を描く風景として、最も好きだった日本海、新潟の寺泊海岸（野積浜）も寒い1月末に訪ねているのだから、その記者魂は「あっぱれ！」というほかない。

前溝のおっちゃん

ここで話を前溝のおっちゃんに戻す。筆者が身近に接してきたなかで五指に入る好人物である。

波乱万丈、まさしく異色のボクサーだった。日本ミドル級チャンピオンの前溝隆男は、父親（和歌山県出身）が貿易の仕事をしていた関係でオセアニアのトンガ生まれ、母親が現地の人である。私よりひとつ年上の1937年生まれ、浅黒い肌に縮れっ毛で独特な風貌だ。

その経歴が凄い。中学を退学して大相撲入り。三保ケ関部屋で四股名を増錦とするが、幕下が最高位で廃業した。力士をやめた理由は、「ほら、ワシは縮れっ毛じゃない。マゲを結うのが大変だったから……」というが、嘘か実か……。力士廃業後、プロ野球の高橋ユニオンズのテストに合格。だが球団が大映スターズと合併したため、お払い箱となり、プロ野球選手としての実績はない。

そして58年にはボクサーへ転向。不二拳に入り63年2月、斉藤登を破って日本ミドル級王座を獲得した。私が初めて対面したのは、彼がストレート・パンチャーの金田森男とタイトルを争っていた64年頃だ。私はボクシング担当の駆け出し記者だった。

ミドル級のボクサーにしてはパンチ力がなかった。典型的なボクサーファイターでアゴにいいのを一発もらうとコロッとやられるタイプだった。それでも重いフックを得意とし、打たれても打たれても諦めない真っ正直なボクシングは、多くのファンに支持された。

そんな前溝を応援したのが、漫才師のコロムビア・トップである。後に参議院議員となる最大の後援者だった。自分の出生を含めて、包み隠さず語る前溝の明るい性格は、だれからも好かれたものだ。テレビ・ボクシングの全盛期、ハードパンチャーの海津文雄や権藤正雄と互角に渡り合ったボクサーとして忘れ難い。

66年1月に引退。プロボクシングの戦績は日本タイトルを2度獲得し、29勝（15ＫＯ）20敗4分け3ＥＸＨだった。

前溝はボクサーをやめたあと、神奈川県厚木市のボウリング場に、インストラクターとして勤務していた。そこで後援者を介して国際プロレスの吉原功社長を紹介されている。その吉原社長は、前溝の精悍な顔つきと身のこなしを見て「もったいない。まだ動ける体じゃないか、ウチで働いてみる気はないか」とレフェリー転向を勧めてきたのだ。

前溝にとって渡りに舟の話だった。このまま埋没するよりは、プロレスの世界で汗を流してみたい。「ワシは体動かすのが好きだから……」と国際プロレス入りを決断する。

プロボクシングで名を売った前溝隆男がリングを替え、プロレスのレフェリーに転身したのだから、驚いたのは全日本プロレスのオーナーになっていたジャイアント馬場だった。

前述したようにドン底時代の馬場は、川崎市新丸子のアパート住まい。同じアパートの住人が前溝だった。寒い日には、ストーブやコタツがないので新聞紙を丸めて燃やし、一緒に暖をとったという間柄なのだ。2人のこうした出世前の関係を知る人はそういない。まさしくジャイアント馬場と前溝隆男だけの〝秘め事〟である。

２０１５年、筆者は、移住したオーストラリアからひょっこり帰国した前溝のおっちゃんを囲み、国際プロの仲間、元レスラーの佐野実氏、元営業部の貫井元晴氏と一緒にＪＲ横浜駅地下階レストランで会食した。

「そのみじめなころの話、本当だよ、馬場さんの気まずそうな顔、思い出すよ」

お酒の入った会話のなかでその事実を打ち明けてくれた前溝のおっちゃん。仕事のことで直接、旧友・馬場と対面するのは、国際プロレスと全日本プロレスの全面対抗戦の火ブタが切られる前であったという。

75年12月11日、東京・日本武道館で百田家主催の「力道山13回忌追善特別試合」があった。全日本、国際、旧日本プロレス勢が参加した大会である。そこで日本人同士の師弟対決、ヒロ・マツダvsマイティ井上戦を裁いたのが前溝レフェリーだった。

「ワシと馬場さんとの関係を知る人なんかいないよね。馬場さんはもうプロレス界のトップに立っているのに、むかし、苦労したことなんてむし返しされるのがイヤだったんじゃないかな」

馬場が「体がなまるから……」と不二拳のボクサーとロードワークを一緒にしていたという秘話はごく限られた人しか知らない。同世代の馬場正平と前溝隆男がジャンルを超え、どんな夢や未来を語り合ったのだろうか。

のちに馬場はプロレス界をリードする押しも押されもせぬチャンピオンとなり、片や前溝はプロボクシングの日本ミドル級チャンピオンに輝いた。ふたりの出世物語は何やらテレビドラマや映画の青春ストーリーを想い起こさせてくれる。

朝焼けの多摩川の土手を走るシルエットは絵になっただろうなあ、と想像したくなる。この極貧のひと時、馬場が「俺は河原の枯れすすき……」と「船頭小唄」を口ずさみ、涙する光景が実感として伝わってくる。

第二章 ドロップキックが時代を変えた

力道山のもと、日本プロレス入りを果たしたジャイアント馬場は、３度にわたる米国武者修行を経て、ステップアップを続けていく。

新人時代のジャイアント馬場に触れておく。

アントニオ猪木（猪木寛至）と同期入門の馬場は、揃ってプロデビューを果たす。60年9月30日、東京・台東体育館で馬場は先輩・田中米太郎を5分15秒、股裂きで勝利。猪木は、大木金太郎（金一＝キム・イル）の逆腕固めに敗れている。２人の初マットは、くっきりと明暗を分けた。

当時、日本プロレスの力道山道場では、期待株の馬場、猪木とともに韓国出身の大木、宮城・仙台出身の198㎝の巨漢・マンモス鈴木（鈴木幸雄）の大型選手を〝新人四天王〟と称し、活字メディアの話題をさらった。

４人は互いにライバル意識をむき出し、トレーニングに試合に切磋琢磨、激しい出世争いを繰り広げる。

ここで頭ひとつ飛び出したのが、馬場と鈴木。61年7月、先輩・芳の里とともに初の米国武者修行に出発する。メインイベンターの片道切符を手にする幸運を摑んだ。

猪木は豊登政権下の64年3月、初の米国武者修行に旅立つ。馬場の2度目の凱旋帰国と入れ替わりだった。

この間、全身剛毛の強面、マンモス鈴木は、精神面の弱さから脱落する。新人四天王の出世争いは、馬場、猪木、大木の3人にしぼられる。

馬場の原動力となったのが32文ロケット砲といわれたドロップキックだろう。135キロの巨体が宙を飛んだ。まさしく驚嘆の飛び道具だった。

実戦での初飛行は、馬場が3度目の米国遠征から帰国したあとの1965年1月8日、東京・渋谷のリキ・スポーツパレス。いわば馬場の凱旋試合である。馬場は豊登、吉村道明とトリオを組んで外国人組と6人タッグマッチ（3本勝負）で激突。両軍1対1のあと、決勝3本目、ドン・ダフィーに号砲一発ドロップキックを放って豪快なフォールを奪った。

「ババが飛んだ！」

会場のどよめきは凄かった。

取材していた我々も驚いたが、トップの豊登、現場責任者の吉村道明も「ホーウッ」と目を丸くしていた。これで稼げる！　日本プロレスの幹部に安心感を与える新兵器となったのだ。

「どうだ、見たか！」

引き揚げるジャイアント馬場の顔には、そう書いてあった。

珍しくアゴをしゃくるような表情に「これで思い切りやれる」という自信が読み取れた。

空中を飛ぶ、このドロップキックは体重がある選手ほど難しくなる技だ。体重の負荷がかかり、受け身の失敗は怪我につながる。練習から気が抜けない。

64年暮れのことだ。馬場さんは米国遠征に行く直前だった。

リキ・パレス地下1階の力道山道場から普段と違うドスン、ドスンという音がする。のぞいてみると、馬場が付き人の駒厚秀、クマさん（大熊元司）を相手に、右足を上げて飛ぶ格好から、受け身を取る練習を繰り返していた。

ボクシングで使っている砂袋、メディシン・ボールめがけ、左足を軸にジャンプしようとしていた。当時の体重約140キロ。肩から落ちる時には、大きな衝撃、負荷がかかる。

ドロップキックだ！　ジャイアント馬場が、これをマスターしたら物凄い技になる。

「やればできるよ」

「あとはタイミングだけじゃないか。ハイ、思い切って！」

居合わせた若い記者たちは、ヤジ馬気分半分で、やいのやいの汗まみれの馬場を激励した。

ちょっとムッとした雰囲気の馬場は、「外野がうるさいんだよ」と、途中で練習を切り上げてしまった。

その場に居合わせたのは、馬場の米国遠征に同行する予定の東スポ写真部の芳本栄（ロサンゼルス特派員）、同写真部・大矢順正、報知新聞の須藤英明、スポニチの日体大レスリング部出身、松村記者といった諸氏、それに自分と日プロの渉外担当、米沢良蔵氏などである。いずれも昭和13年の寅年生まれ、馬場さんを囲んで仲間意識が強かった。いわば同期会の応援団のようなものだ。

それだけに、あの馬場の豪快なドロップキックの完成は、「我々が尻を叩いたからだ」という連帯感のようなものがあった。

後日、馬場さんと2人きりになる機会があった。早速、ドロップキックをマスターしたことについて聞いてみた。

「あれは、ロサンゼルスのYMCAのジムでペドロ・モラレスから教わったんだよ。飛ぶコツをね。1回できると、次もすぐにやれるもんだよ」

ニンマリと打ち明けてくれた。

瞳がクリクリしていて、キビキビした動き。褐色の肌で、〝ラテンの魔豹〟という異名で活躍したモラレスは、私の大好きなレスラーだった。66年3月、日プロの「第8回ワールド・リーグ戦」で初来日。以来、新日本にもたびたび参戦し、日本のファンに愛された。

ドロップキックの名手として鳴らし、ロスのWWA世界ヘビー級、ニューヨークのWWF（現在のWWE）世界ヘビー級の両王座を獲得。ヒスパニック系ファンのアイドル的存在だった。

そのモラレスがパーキンソン病を患い、長いことニュージャージー州の医療施設に入っていたのは知っていた。そこへ２０１９年2月12日に亡くなったというニュースが飛び込んできた。76歳だったという。

赤いタイツがよく似合う、威勢のよい男。なんとも切なかった。２０１６年に亡くなったモハメド・アリを苦しめた難病、パーキンソン病にはモラレスも勝てなかったか……。

新時代のプロレス、沸騰

ジャイアント馬場によるドロップキックの開発は、日本人選手の従来のプロレス技に対するイメージをガラリと一変させるものだった。にっくき大きな外国人選手をドッカーンと一発で射止めることができるようになったからだ。プロレス界における産業革命だったのだ。

「こりゃあー、B29だよ」

この道の先輩、プロレス評論家の菊池孝さんのひと言がそれを物語る。

「B29」とは、太平洋戦争末期、日本列島の各都市に爆弾の雨を降らせたアメリカ空軍の大型長距離爆撃機のことだ。

ボーイング社製で〝超空の要塞〟といわれ、高度1万メートルを飛行し、焼夷弾の絨毯爆撃で街の隅々まで焼き尽くした恐るべき新兵器だった。その恐怖は我々の世代にはおそろしい記憶として刻印されている。

馬場のドロップキックは、両手を広げて放つから実に雄大。２０９センチの体を目一杯伸ばすのだから飛距離があるように見える。しかも打点が高い。飛翔体のスケールは、まさにB29だ。

馬場以前も、日本人選手にドロップキックの使い手はいた。プロレス創成期、力道山のタッグパートナーとして名を売った遠藤幸吉だ。柔道出身で１００キロを超す巨漢。太鼓腹ながらきれいな飛び蹴りを放った。

そして力道山、豊登、馬場、猪木、大木金太郎（キム・イル）、坂口征二ら歴代のエースを支えた名脇役、テクニシャン・吉村道明もドロップキックの使い手だった。彼の場合は両足を揃えて正面から飛び、背中で受け身を取っていた。だが、着地がカエルがのびたようで、格好よくないのだ。

もうひとり、忘れられないドロップキックの名手は、田中忠治（政克）。馬場の先輩だったレジェンド。

中肉中背、スピードがあって技に切れがあった。お尻が大きかったが綺麗な飛び蹴りを放った。連発することもあった。豊登の付き人だったことから日本プロレスから国際プロレスへと行動をともにした選手だ。

しかし遠藤、吉村、田中らの飛び道具は相手を一発でKOする「殺し技」ではなく、「痛め技」だった。相手を一発でKOする馬場の必殺ドロップキックは異次元のものだ。ドロップキックを初公開した1965年は、東京オリンピック大会の翌年だ。オリンピックの成功に沸き、列島全体が活気を帯びた、高度経済成長の時期である。

テレビのカラー放送が本格化し、絶妙なタイミングで〝東洋の巨人〟ジャイアント馬場が出現、時代がプロレス人気をビジュアルから押し上げてくれた。

馬場のファイトは、他の選手よりはるかにダイナミックだ。水平チョップ、16文キックに始まって、ニードロップ、ヤシの実割り、河津落とし、アトミック・ドロップ（尾骶骨落とし）と大技を連発し、最後に必殺のドロップキックなのだ。

一連の流れるような立体殺法は、高度経済成長というウェーブにマッチし、日本人に「自信」と「勇気」を芽生えさせるサプリメントとなった。

超大型・馬場の台頭は、日本プロレスの世代交代を告げる熱いウェーブだった。ドロップキックの完成こそ、豊登をエースの座から引きずり降ろす起爆剤になった。

180センチに満たぬ怪力男、両腕を交差させ脇の下でパコーン、パコーンと鳴らす〝ポパイ〟豊登は、時代遅れのレスラーに映ったのだ。一発の飛び道具が時代を変えた。

ジャイアント馬場は、力道山、豊登の匂いを完全に払拭し、アメリカで覚えたラフファイトを投入して、スケールの大きい和洋折衷の独自のスタイルを確立した。あとに続くアントニオ猪木とともに〝双頭のプロレス〟で昭和の新時代を沸騰させる。

生涯のベストバウト

ジャイアント馬場の強さ、凄さを物語る金字塔として1967年8月14日、大阪球場における王者馬場vs挑戦者ジン・キニスキーのインターナショナル・ヘビー級選手権試合の熱闘が挙げられると思う。

と思う、と記したのは実際にこの大阪球場での試合を見ていないからだ。私は当日、1キロも離れていない、すぐ近くの大阪府立体育会館にいたからだ。国際プロレスのパイオニア・サマー・シリーズの会場だ。日プロが新勢力・国際プロレスに仕掛けた興行戦、〝大阪夏の陣〟の真っ只中にいた。

球場のどよめきが聞こえてきそうな距離だが、国際プロレスの取材に行け、というのがデスクの指示だ。馬場さんの試合を見に行きたいけれど、これが国際プロ担当の宿命か——あの時ほどプロレスの会場で地団駄踏んだことはない。夏の日の思い出として記憶に焼き付く。

さて、3本勝負で行なわれた馬場vsキニスキーのこの一戦、東スポの縮刷版から再現してみる。

馬場はパワフルなキニスキーの猛攻を必死に耐え抜き、ドカンと一発、32文のロケット砲で吹っ飛ばし、1本目の先制フォール。28分13秒のロングタイムマッチだった。

2本目はキニスキーの思い切ったラフファイトが功を奏した。コーナーポスト上段からの豪快なヒールドロップだ。17分45秒、馬場を体固めに抑え、1対1の同点。

決勝の3本目は、両者決め手を欠いたままタイムアップ。時間切れの引き分けが宣された。そこで、結果と自分のファイトに納得がいかない馬場はすぐさま5分間延長を要求し、キニスキーもそれに応じたのだ。

タイトルマッチとしては異例の延長戦となったが、結局、決着はつかず、時間切れ引き分けに終わった。馬場14度目の王座防衛だった。

馬場は自著『王道十六文』などさまざまな出版物のなかで、この試合を「生涯を通じて俺のベストバウト」と述べている。65分間フルタイムを戦い抜いた自己のプロレスラー人生最長記録をもっとも誇りにしていたのだ。

私は、実際に見ていない、大阪球場のキニスキー戦について、馬場に聞いたことがあった。

「俺、控えの通路か、どっかでブッ倒れたもんな。グラウンドの整備のホースか何かで水をガブ飲みよ。飲んだっていうより、ブッかけた感じだったな。あの試合で体重4、5キロ落ちたと思う。なにしろ、暑かった。俺、『かあちゃーん！』と叫んでしまった。初めてだよ。キニスキーも凄かったね。さすが〝戦う機械〟だよ」

当時、最強の敵だったNWAヘビー級王者・キニスキーを讃えることも忘れなかった。

昭和プロレス史上に残るガチンコ興行戦、〝大阪夏の陣〟は日本プロレスの大阪球場が2万人の大観衆、国際プロレスの大阪府立体育会館は４４００人の観衆。旗揚げしたばかりの国際プロは、ヒロ・マツダと豊登の二枚看板で七分の入りだったが、よく健闘したものだと思う。

私が見た名勝負

ここで、私がこの目で見たジャイアント馬場のベストバウトを３つ挙げてみる。

記憶に鮮明に焼き付いているのは、66年12月３日、東京・日本武道館における〝鉄の爪〟フリッツ・フォン・エリック戦の凄絶さだ。プロレスはキャラクターとオリジナルの得意技が重要だ、と教えてくれたテキストのような試合である。

①1966年12月3日（東京・日本武道館）
インターナショナル・ヘビー級選手権試合（60分3本勝負）
王者・ジャイアント馬場（2－1）挑戦者・フリッツ・フォン・エリック
1本目　馬場（2分36秒　片エビ固め）エリック
2本目　エリック（4分45秒　顔面つかみ）馬場
3本目　馬場（6分55秒　反則）エリック
↓馬場7度目の王座防衛

馬場とエリックが激戦を繰り広げたタイトルマッチのチケット。

この試合は伝統の日本プロレスが日本武道館に初進出した興行として記録される。

背景にはこの年に旗揚げした猪木・豊登の新団体「東京プロレス」への強い対抗意識があった。「清水の舞台から飛び降りるつもりで借りた」（押山保明宣伝部長）という武道館は、ビッシリ埋まって1万4500人の超満員（主催者発表）だった。

〝鉄のツメ〟エリックの東京初見参はスリリングだった。これに先立つ11月28日、第1戦の大阪大会で馬場に2－1で敗れているエリックは敵意ムキ出しで、馬場に襲いかかった。馬場は長いエリックの腕を振り払って、間髪を入れず見事なドロップキック。効果てきめん、会心の先制フォールだ。

大阪の復讐に燃えるエリックは、徹底してアイアン・クロー狙い。馬場の水平チョップをしのぎ、至近距離からガバッ！と額をえぐった。4分45秒、馬場はついに顔面つかみに捉えられてしまった。

1対1で迎えた、決勝の3本目、あくまでアイアン・クローを狙うエリック。馬場はロープ際でエリックの手首をつかまえ、長いリーチを生かし、両手で必死にクローをディフェンス。観客席がどよめき、ハラハラのシーンが続く。

ピンチのたびに209センチ、馬場の大きな足がロープに伸びる。ディフェンス面で巨体が有利に働き、エリックの苛立ちを誘った。業を煮やしたエリックは沖識名レフェリーを突き飛ばしてしまい、6分55秒で反則負け。馬場が辛うじてベルトを守った試合だ。

〝鉄のツメ〟エリックの長い顔は怖い。メガネをはずすと細い目が冷たく光り、だらりと長い両手が不気味さを誘う。容貌そのものが、ヒール（悪党）として絵になった。

キャラクターが試合を創る。対する馬場は並はずれた巨体。こちらの迫力も半端ない。ワザ的にはなんの変哲もない試合だが、エリックのクローと馬場の長い手足の十数センチの攻防戦が最高の見せ場を作った。これだけ一点集中のシーンで観客を手玉に取るのだから、馬場もエリックも千両役者だ。ふたりの迫真のラフファイトに感服させられたのだ。

「あの試合、面白かったろう」

馬場さんがポツリと一言、ニタリと笑ったことがあった。

そうか、馬場さんはエリックのようなスタイルが好きなのか。ポツリ一言の意味が理解できた。

馬場はアメリカの武者修行で身につけたラフファイトをエリック戦で存分に発揮できたと感じたのだろう。エリックに2連勝したことによって、どんなラフファイターが挑戦してきても、十分に対応できる自信になった試合だ。

もうひとつ、ジャイアント馬場にとって、日本武道館は重要な興行基地となる。日本武道館は、ご存知64年の東京オリンピックの柔道競技会場である。建立者は日本テレビの創設者・正力松太郎。日本プロレスのテレビ放送を軌道に乗せた大恩人だ。

ジャイアント馬場は、１９７２年９月、新団体・全日本プロレス設立を発表するが、正力氏の後押しがあったからこそ独立を決意したのである。

全日本旗揚げ後、ビッグイベントでは日本武道館を使用して、全日本のホームリングというイメージを作りあげた。その起点は66年12月のこのエリック戦にある。

②１９６５年11月27日（東京・蔵前国技館）

インターナショナル・ヘビー級選手権試合（60分3本勝負）

王者・ジャイアント馬場（2－1）挑戦者・ディック・ザ・ブルーザー

1本目　馬場（7分50秒　片エビ固め）ブルーザー

2本目　ブルーザー（18分24秒　体固め）馬場

3本目　馬場（4分55秒　両者リングアウト）ブルーザー

↓馬場、初の王座防衛

私が惚れ込んだプロレスラー〝生傷男〟ディック・ザ・ブルーザーが初来日した時の試合である。その精悍な顔には「俺こそがプロレスラーだ。文句あるか！」と書いてあった。アメリカ・マットを代表する大悪党だ。

これに先立つ11月24日に行なわれた、大阪大会の第1戦では、馬場は力道山の死後、空位となっていたチャンピオンの座を賭けブルーザーと激突。インターナショナル・ヘビー級王者決定戦でブルーザーを2－0（2本とも反則勝ち）とストレートで降す。力道山からの復活ベルトを巻き、3代目の王者となっていた。

「ヘイ、キッド！」と馬場を青二才扱いしたブルーザーは、第1戦の大阪で敗れているので、第2戦となる東京・蔵前決戦にかける本気度は違っていた。

最初から殴る、蹴る、首締め。一方的なラフ攻撃だ。これを食い止めたのが馬場の32文ロケット砲だ。ブルーザーが横倒しにぶっ飛んだ。この先制のフォールが試合の行方を決めたと思う。

この一戦は、両者終始、喧嘩ファイトに徹した試合として強く印象に残っている。馬場さんも「思い切ってやれたからね。手応えあった試合だった」と、自ら名勝負のひとつと認めている。

③1966年2月28日（東京体育館）

インターナショナル・ヘビー級選手権試合（60分3本勝負）
王者・ジャイアント馬場（2―1）挑戦者・ルー・テーズ
1本目　馬場（21分13秒　体固め）テーズ
2本目　テーズ（18分24秒　体固め）馬場
3本目　馬場（0分51秒　体固め）テーズ
↓馬場2度目の王座防衛

〝不滅の王者〟ルー・テーズを前にして武者震いしたと言う馬場。修行時代の対戦とは違って「俺が日本プロレスを守る」の気迫がたぎる。1本目、ここでもテーズの度肝を抜く32文ドロップキックが炸裂した。

試合の主導権を握った馬場はバックドロップを警戒して首の根っこをつかまえ（ヘッドロック）、強引な揺さぶり。豪快なテキサスブルドーザーだ。ロープに逃れようとするテーズをリング中央に引き戻すと、何度も揺さぶりねじ伏せたのだ。馬場の新戦略が披露された先制フォールだった。

2本目は、馬場が警戒していた筈のテーズのバックドロップにつかまった。15分過ぎ、バックをとられてテーズの伝家の宝刀、岩石落としを食ってしまった。

決勝の3本目は、馬場の巨体が有利に働いた。同点に追いついたテーズは、一気に勝負に出た。バックドロップだ。仕掛けられた馬場は思い切って長い足でロープを蹴った。反動で倒れ込むテーズ、そこに間髪入れず雪崩れ込む馬場。テーズを51秒、逆転の電撃フォール。馬場は憧れの人から2フォールを奪ったのだ。

ジャイアント馬場はヒールの権化のようなブルーザー、正統派の総帥テーズとアメリカを代表する2人を連破したことで、不動の地位を確立し、華々しい〝馬場時代〟到来を告げる。

このテーズ戦には、プロレス担当記者ならではの笑えるこぼれ話がある。

ジャイアント馬場は、テーズ戦を前にして箱根に山ごもりをした。トレーニングのためのミニキャンプだった。

この取材には東京ばかりでなく関西のプロレス報道各社、雑誌の写真記者が参集し、馬場の特訓の模様を伝えた。

一夜明け、取材から戻ってきた先輩の桜井康雄記者（後にテレビ朝日のプロレス放送解説者）がみやげ話を披露してくれた。

「門馬君、面白かったよ。日刊スポーツの新人が、馬場が山ごもりっていうんで、本物の山登りの格好、重装備で来たよ。登山靴にリュック背負ってな！　あれにはジャイアント馬場もビックリだった」というのである。

この記者は、明治大学の山岳部出身で植村直己さん（故人）と同期だったとか――。

駆け出し記者は、プロレスにおける特訓は、絵作りのためのパフォーマンスなどとは知る由もない。彼はプロレスとジャイアント馬場に真剣に向き合っていたのだ。はじめの一歩は、私も同じだった。

日本プロレスのリーダーに

名勝負3試合のみでは、あまりにも狭いババ・ワールドになってしまう。振り返ってみれば、印象に残るファイトはまだまだある。

たとえば1966年5月13日、東京・千駄ヶ谷の東京体育館における第8回ワールド・リーグ戦、ウィルバー・スナイダーとの決勝戦だ。スピードのあるスナイダーを2－1で破り、馬場が初優勝を飾った試合である。

長期サーキット〝春の本場所〟を初制覇したことで、シングル2冠王として文字通り、日本プロレスのリーダーとなった記念すべき試合だ。

難敵・スナイダーは190センチの大型で、多彩な技を持つ人気選手。馬場は初めてのアメリカ遠征の時、彼に投げ技のコツ、すなわちデッドリー・ドライブのコーチを受けたことがあったという。

試合後は、「俺、スナイダーに勝ったもんな……」と、師匠格の強敵からの勝利に喜びも一入の様子だった。

さらにもう1試合、挙げてみる。１９６８年6月27日、東京・蔵前国技館で行われた王者、ボボ・ブラジルにジャイアント馬場が挑戦したインターナショナル・ヘビー級選手権試合だ。

馬場は6月25日、名古屋・愛知県体育館で〝黒い魔神〟ブラジルの頭突き攻撃に敗れ、屈辱的な王座転落。防衛記録が21回でストップした。その一戦から2日後、ベルト奪回を賭けての挑戦だった。私の30回目の誕生日がこの蔵前決戦だったから、忘れもしない。1対1のあと、馬場は頭突き攻撃をしのぎ、ブラジルのタックルを間一髪かわした。目標を失ったブラジルは首がロープにはさまり、不運なアウトカウント負け。

馬場は危ない場面で逆転勝ちを収め、48時間ぶりにチャンピオンベルトを取り戻した。エース健在を知らしめた一戦だ。私にはブラジルの白い目と黒光りする肌が強く記憶に残っている。ジャイアント馬場の名勝負を当時の専門誌や東スポで確認すると、写真に残っているのは決まってドロップキック炸裂のシーンだ。フォールを奪った一発、反撃と逆転につながった一発、いずれも被写体として絵になる。

強面の豪腕ザ・ブルーザー、〝荒法師〟ジン・キニスキー、〝黒い魔神〟ボボ・ブラジルの巨体がぶっ飛んだドロップキックのシーンは、駆け出しの記者の青春グラフィティーのようなものだ。

２０９センチ、１４０キロの巨体が6メートル四方の宙（リング）を飛ぶ。両手を広げジャンプする姿は実に雄大、ほかの選手を沈黙させるスケールの大きなドロップキックだ。

この道の先輩、菊池さんが表現したように、まさしく無敵の大型爆撃機B29なのだ。ジャイアント馬場は、1965年1月8日、渋谷のリキ・スポーツパレスにおけるドロップキックの初披露から〝人間凶器〟に豹変した。

私は、ジャイアント馬場のレスラーとしてもっとも脂の乗っていたのは、初めてのアメリカ武者修行より帰国した1963年3月から、72年9月、日本プロレスを退団するまでの約9年間だったと考える。

菊池さんは次のように表現している。

「あの凱旋試合で馬場正平はジャイアント馬場に生まれ変わった」

63年3月24日、馬場の凱旋サーキットとなった「第5回ワールド・リーグ戦」第2戦、蔵前国技館におけるキラー・コワルスキーとの特別試合45分3本勝負のことだ。

馬場はアメリカで身につけたラフファイトで大暴れ、希代のヒール、コワルスキーと真っ向勝負、両者ノー・フォールのまま1本目で時間切れ引き分けに終わった試合である。

馬場は師匠の力道山に「よくやった」と褒められ、最も思い出深い試合とコメントしている。

東京スポーツの躍進

ここで余談を少々、お許しいただきたい。馬場の初めてのアメリカ武者修行中、つまり63年から64年3月まで東京スポーツの紙面を飾ったのは、UPI・サン特約の写真である。

オートバイ便による配送がなかった場合は、駆け出しの私が東京・大手町にある毎日新聞社内にあるサンテレフォトのオフィスまで受け取りに行った。私と同世代の方なら、懐かしのリーダーズダイジェストの看板があったビルだ。

ニューヨーク常駐のタッド若松特派員が撮影した、ジャイアント馬場の試合やスナップ写真だ。私はキャプションをみるのが楽しみだった。

若松特派員の撮影で秀逸だったのは、ニューヨークのセントラルパークでリスと戯れる馬場の笑顔の写真だ。ホームシックで坂本九のヒット曲「スキヤキ・ソング」（上を向いて歩こう）をジュークボックスで聴いていたころだろう。見る人をなごませる貴重なワン・ショットだ。

このタッド若松特派員の本名は若松忠久。後に女優の鰐淵晴子さんと結婚し、我々をビックリ仰天させたものだ。

東スポのアメリカ特派員第2号は、ニューヨーク常駐のマイク青木氏、第3号が私と同期のロサンゼルス常駐の芳本栄氏、第４号がロサンゼルス常駐のダン・ウェストブルック通信員だった。

当時の夕刊スポーツ紙のプロレス報道は、試合経過の記事よりもファイト写真が最優先された。ビッグマッチなどでは、馬場の写真がドカーンと1枚というケースもあった。どんな記事よりも写真は記憶に残る。写真は読者を獲得するための絶大なパワーとなった。

力道山の日本プロレス全盛時に雨後の筍のように発生した夕刊スポーツ紙、関西エリアのレジャー紙もあった。だが、力道山の突然の死によってこれら夕刊スポーツ紙は発行部数が伸びずジリ貧となった。この間隙をついたのが東京スポーツだった。海外特派員によるプロレス報道の充実が部数拡張につながった。その企業努力が功を奏し、スポーツタイムズ（東京タイムズ）、内外スポーツ（内外タイムス）、スポーツ毎夕といった夕刊紙を淘汰し、大阪スポーツ、中京スポーツ、九州スポーツと各地域で次々に発行し、夕刊の全国紙という新しい体制を作りあげた。

この東スポの躍進は、ジャイアント馬場の台頭と飛躍の時期とピッタリ一致しているのだから不思議……。

さらに余談の続きでごめんなさい。このころ、高校の同窓会があった。酒の席で、「モンマよ、お前のとこの新聞、読んでいるうちに手が真っ黒になるぞ。なんとかしろ！」と同級生にクレームをつけられたことがあった。

駅売りスタンド専用で出発した東スポは、題字が青から赤になって派手になった。黒の大見出し活字が躍り、プロレス写真は他紙を圧倒する大きさ。当時の印刷技術ではインクの乗りは黒が目立ち、読むうちに手が汚れてくるのだ。一般紙と手の汚れの差は歴然である。

同級生にからまれたのもノスタルジックな思い出だ。電車に乗ると、右のお客も、左のお客も東スポを手にしていた時代は終わった。

いまは、電車の網棚に新聞のかけらもない。

ぐるっと列島、38周

東京スポーツ編集局における私の渾名は、「ドサ回りのモン」であった。

プロレスの巡業に付き合っているうち、鉄道旅にはまって「これ以上の仕事はない」というほど日本列島に惚れ込んでしまった。

全日本、新日本、国際の3団体時代には、1年間を通して「出張198日」という社内レコードを作った。

在宅中のある晩、電話が鳴った。隣りで寝ていたウチのかみさんが電話に出ると、「いま主人は出張に出ています」と寝ぼけ声の応答である。オイ、オイ、隣りで寝ているじゃないか。悲しい気持ちになったのも今ではいい思い出だ。

プロレス担当のキャップは、二つ年上の先輩・桜井記者。同期の飯山和雄記者はひとつ年上。その飯山記者は、あまり出張取材にこだわる人ではなかった。春、夏の試合スケジュールを見て「モンちゃん、好きなコースを組めば……」といってくれて、随分助かったものだ。

嘘のサン・パチではないが、ぐるーっと列島3300キロ。38回以上周遊したことは確かである。

こんなドサ回りのモンの極めつけは、日本プロレス崩壊前夜の九州・薩南諸島の船旅と初のアメリカ出張、プロレス組織NWA総会取材の二つである。私の現場を第一とするキャリアのクライマックスであったと思う。

猪木の追放、馬場の独立

1969年5月12日、後発局のNETテレビ（現在のテレビ朝日）は、ジャイアント馬場の試合は放送しないという約束で日本プロレスの定期番組を発表し、プロレス中継の老舗・日本テレビとの対決に踏み切った。

これが日本プロレスの崩壊へ至る引き金となった。

1971年12月13日、日本プロレス選手会は、アントニオ猪木を〝会社乗っ取りの計画があった〟として除名を発表し、日プロも猪木を追放処分にした。

放送のエース猪木を失ったNETは、その対策に苦慮し、日プロの幹部に様々な働きかけをする。舞台裏はこうだ。

NETの「ワールド・プロレスリング中継」には、放送に関する二つの約束事があった。

①〝柔道日本一〟の坂口征二（67年2月入団）とジャイアント馬場の試合は放送しない。

②ワールド・リーグ戦の公式戦は放送しない。

という付帯条件である。

しかし、ここに至っては約束事などなし崩し。猪木の退団を楯に次期エース坂口の試合放送を迫ったのだ。日プロにとってはNETの放送料は大きな魅力である。結局、坂口の試合放送を許すことになる。

一方、フロントには、分裂の危機感などまったくなかった。「なんとかなるだろう」の旧態依然としたゆるい体質がモロに出たのだ。

NETの狙いは馬場を放送に登場させることである。プロレス中継の解説者・遠藤幸吉をプッシュして「馬場の放送許可」を取り付けようとした。

ジャイアント馬場に関しては、日本テレビが独占契約を持つ。約束を反古にすれば深刻な事態を招くことになる。

馬場はこの件について日本テレビの関係者から「あなたがNETの試合に出たら、ウチと日本プロレスの関係は終わりになりますからね。出ないで下さいね」と念を押されている。

馬場はこの件を幹部に何度も説明し、「契約違反だけはしないでほしい」と説得につとめている。

ところが、日本プロレスは日本テレビに相談することなく、NET側に馬場の試合放送OKの約束をしていたのだ。

馬場は苦渋の選択を迫られる。

「会社が決めたことだ。欠場だけは許されない」と判断、NET放送予定の試合に出場した。

馬場はこの時点で腹を括くっていた筈だ。

72年4月3日、「第14回ワールド・リーグ戦」新潟大会で日本テレビとの独占契約を無視してNETが馬場の試合を放送して大問題になったのだ。

嵐のなかの「第14回ワールド・リーグ戦」優勝決定戦は5月2日、東京体育館で行われ、馬場がゴリラ・モンスーンを破って3連覇。通算6度目の優勝を飾っている。

しかし、馬場の優勝から12日後の5月14日、日本テレビが契約違反を理由に日本プロレスの放送打ち切りを発表したのだ。

馬場は新潟大会に出場した心境と経緯を自伝『王道十六文』のなかでこう記している。

〈たとえ口約束であっても、いったん約束したことを破るのは、私の性格としては出来ない。NETが、番組のエースとした猪木を、日本プロレスのお家騒動で失ったことに対する不満と、それに代わるものを求めなくてはならないことはわかるが、約束は約束、契約は契約だ。ましてや日本プロレスは、日本テレビと番組スポンサーの三菱電機には大恩がある。その恩義にそむくようなことは、絶対にすべきではないというのが、私の信念だった。だが一方、メーンイベントのカードまで決まっている新潟大会を欠場することは、ファンへの裏切りになる〉

馬場は日本プロレスに見切りをつけ、「これが最後のワールド・リーグ戦と決めて」試合に臨んでいたのである。

ジャイアント馬場は7月29日、東京・ホテル・ニューオータニで記者会見を開き、日本プロレスに辞表を提出し、独立することを表明する。

昭和プロレス盛衰史を語るうえで欠かすことのできない1ページである。白い開襟シャツの胸のポケットには葉巻のケース。タイトルマッチの調印式の時とも違った馬場の険しい顔があった。

そこには、「日本テレビ金曜午後8時」のプロレス放送や、そのスポンサー・三菱電機、育ての親である力道山への思いなどが、鉄の意思となって刻まれていたような気がしてならない。用心深い馬場にとっては、思い切った決断だった。

日プロを退団するに当って、もちろん日本テレビと綿密な下交渉があったことはいうまでもない。

馬場は松根光雄運動部長と担当の原章プロデューサーから「マトモなプロレス団体になるなら放送を再開してもいい」という意向を聞かされ、最終的に当時の小林与三次社長から「君がやる気があるなら、後は俺にまかせろ」と力強い言葉を貰って独立に踏み切っている。

馬場が日プロに辞表を提出し、独立を表明したのは「第一次ビッグサマー・シリーズ」期間中だった。

「ポスターに名が載っているので、最後まで責任を持って出場します。会社にもプロモーターの皆さんにも、迷惑をかけません。次のシリーズのポスターからは、私を外して下さい」

馬場は、会社側にこの旨を口頭で伝え、シリーズを欠場することなく、8月18日の宮城県石巻市中央広場特設リング大会の最終戦までフル出場する。これが馬場の日プロにおける最後の試合となった。

60年9月30日、東京・台東体育館でのデビュー戦から約12年、海外での試合を除くと、163試合であった。考えてみれば、私がジャイアント馬場と初めて会ったのも石巻会場だった。これも何かの縁なのだろう。

この〝第1次夏の陣〟の巡業についていた私はデスクである山田隆記者（後に日本テレビの解説者）から「馬場の動きを徹底マークしろ」と指示を受けていた。

しかし、独立表明以降の馬場は口が堅かった。「何もないよ、すべては事が決まってから……」とスキを見せないのだ。

新団体設立の構想を聞き出そうとしたが、普段の馬場とは違っていた。日本テレビの原プロデューサーとの接触は認めたが、それ以上のことは語ってくれない。人が変わったように厳しい態度だった。

徳之島で聞いた「この会社、潰れるね」

この馬場の決別シリーズで、私は生涯忘れ難い物凄い船旅を経験した。シリーズの中盤、奄美大島を起点として喜界島、徳之島の薩南諸島を巡る3連戦だった。海は大荒れ、日プロの沈没を予感させる嵐の中の移動だ。

名瀬港の岸壁に打ち寄せる波のしぶきが半端でない。前夜、日プロがチャーターしていた貨物船は「波が高くて出せない」という。困り果てた現場責任者の吉村道明が地元の漁業組合に掛け合って、4隻の漁船（推定2〜3トン）を手配してきた。組合長がプロレス・ファンだったのがラッキーだった。

外国人選手と一部の日本選手は、荷物の重量制限があるYS11機で空路の移動。問題の日本側は〝もしも〟のことがあってはと、メインイベンターがそれぞれ4隻に分かれ、喜界島に向かっての出港だった。

馬場の船には、付き人の轡田友継（サムソン・クツワダ）、佐藤昭雄が乗り込み、坂口征二は永源遙らと一緒。大木金太郎と戸口正徳（タイガー戸口＝キム・ドク）の船には、試合用のリングが積みこまれたが、途中で浸水し、かき出す騒ぎがあったとか。

この巡業取材には東スポしかついていない。同行のカメラマンは鈴木皓三氏（後の総務局長）で、私たちは旧海軍出身で、船に強い吉村と同乗した。

雲の流れも怪しかった。波とうねりがひどい。隣にいる筈の船も見えない。空と海がくっついたような揺れだ。

「俺、カナヅチなんだ……」と言ったまま船べりをつかんで離さない小沢正志（キラー・カーン）。安達勝治（ミスター・ヒト）は、真っ青な顔でゲーゲーやっている。そのうち吉村が

「吉村兵曹長、もう限界であります」と船板にゴロリとなった。

胃のなかは空っぽだ。苦しいとか、苦しくないとかを通り越して寒気すら覚えた。どのくらい船に乗っていたのか記憶にない。どうにか喜界島に辿り着いたが、その夜はひと晩、宿の天井が揺れてみえた。いままでに経験したことのない恐怖の巡業旅だった。

休日を挟んで翌日の徳之島大会は晴天。ところが試合を前にして緊急の選手会だという。巡業中に開催というのは、よほど切羽詰った問題があるのだろう。この日、デビュー戦を迎える木村聖裔（健悟）が会場の闘牛場スタンドにぽつねんと座っている。彼はまだ日プロの選手会には入っていないからだ。

海の見える高台だった。

「この会社、潰れるね……」

彼はポツリと洩らした。あとの言葉が続かず、木村の背中が寂しく見えた。

選手会でどんな意見の衝突があったかはわからない。どの選手も口がかたい。巡業の後半には上田馬之助と松岡巌鉄が姿を消した。

日プロの内部はまたまた内紛状態。メインイベンター同士が反目し合い、意見がまとまることはなかった。現場の私は、新人・木村のセリフひとつで「日プロ崩壊寸前」の記事を送れたがそれを書く気になれなかった。

いずれ日プロは潰れる。発表を待てばいい。下手な功名心にかられてスキャンダラスな原稿を書くのはやめた、の心境だった。徳之島での出来事はデスクに報告しなかった。

日本プロレスの断末魔

夏のシリーズの全試合を消化したジャイアント馬場は1972年9月2日、インターのシングル、ダブル両王座を日本プロレス・コミッショナー宛に返上手続きをして、新団体設立に向けて動き出した。

歯こぼれを起こした日プロは、案の定、馬場、猪木が抜けたことによって興行能力がガタ落ち。73年3月30日、頼みのNETからテレビ放送の打ち切りの断を下され、坂から転げ落ちるように倒産した。

日本プロレスの最後の試合は4月20日、群馬・吉井町体育館大会。力道山伝統の団体は14年の歴史を刻んで幕をおろした。

そのNETから放送打ち切りの通告を受ける直前、日プロ最後の社長となった芳の里淳三に誘われ新宿・歌舞伎町のスナックで深夜まで飲んだことがあった。胸の内をぶちまけたかったのだろう。

「わしは、ダメ経営だとか、無能呼ばわりされたけど、NETの参入は、あのころ、グレート東郷がテレビ局をバックにつけて日本進出を狙っていたからだよ。それを防ぐためだったんだ」

ロックグラスの氷をカラッと鳴らしながら、ポツリと洩らしたセリフ。なぜか、いまだ耳元に残る。なんで末端の番記者に吐露したのだろうか。経営トップの苦渋の選択が読みとれた。

米国マットでは、ゲタを凶器に使ったことから〝デビル・サト〟と呼ばれ、日本ではゲタ社長と言われた芳の里。気性が激しかったことで〝ミニ力道山〟の異名があった。強面ながら優しい人柄だった。

出て行った人間や裏切ったレスラーに対しても、「あの野郎」などと個人攻撃することは決してしなかった。放漫経営の責任はさておき、私には包容力のある相撲部屋の親方のように映った。

栄光と没落。日本プロレスとは最後の7年間の付き合いだったが、なくなれば寂しい。愛着はあった。

振り返ってみるに、その末期は派閥の狭間に身を置き、どちらにも加担せず、公平な立場で仕事をするのは大変難しかった。

メインイベンター同士の葛藤や中傷、ジェラシーを発端にした喧嘩。先輩と後輩の上下関係。付き人制のしがらみ。それぞれの立場で利害、我欲が絡み、正面からぶつかり合う巡業旅の現場は、人間観察の最高のリングになった。プロレスラーの酔態からは個々の性格が丸見えだった。

猪木が退団する前に、こんな出来事があった。例によって常宿での飲み会だった。馬場派のクマさんこと大熊、芳の里派のミツ・ヒライ（若手の監督格）、グレート小鹿、安達らと車座になってチャンコ鍋を囲んでいた。

私がトイレに立った際、部屋から出てきた猪木とすれ違った。

「飲んでばかりいて、何しにきているんだよ」

痛烈な一言が飛んできた。

「そっちに言われる筋合いないよ」

咄嗟にやり返したものの、グサリと心臓に突き刺さった。

これが猪木と日プロ巡業旅での最後の会話になったと覚えている。

私は麻雀をやらないので、プロレスラーの生態観察の場を飲み会に求めたいい加減な記者だ。

年間200試合を超える全盛期の巡業のチャンコ料理は実に豪勢だった。

鹿児島での宿舎は「吉住旅館」。チャンコ鍋の主役は、松阪牛のしゃぶしゃぶなのだ。

立浪部屋の相撲取りであった永源が「相撲でもこんないい肉食ったことない」という、超がつく上等な肉だった。

翌日の移動は次の試合地、熊本へ。前座の若手選手は、上等な肉があまったからといって、自分の荷物とメインイベンターのバッグとともに、松阪牛をブラ下げて列車に乗り込むのだ。

熊本の常宿は旅館「本陣」。プロレスの関係者ならご存知の、馬場、猪木、坂口といった大型選手のサイズに合わせたフトンを常備していたレスラー御用達の特別な宿である。

試合が終れば、前夜の続きの松阪牛のしゃぶしゃぶに、熊本名物の馬肉の刺し身、辛子蓮根がプラスされたメニューの豪華なチャンコ料理である。

ところが、馬場、猪木の二枚看板が抜けたあとの恵比須講（飲み食い）は、日ごとにしょっぱくなってくる。地方のプロモーターは興行試合を買わず、営業が試合日程を組むのに四苦八苦する。自主興行になるケースが多くなり、チャンコ料理までがお客の入りと同じく寂しくなった。

こんな断末魔のような時期、米国遠征中の高千穂明久（ザ・グレート・カブキ）に帰国命令が下った。

高千穂は73年3月8日、栃木・佐野大会で〝金髪の妖鬼〟ジョニー・バレンタインを破ってUNヘビー級王座を獲得。これが国内における初タイトルだった。

「何がシングルのチャンピオンだ。会社は最悪の状態で、嬉しいどころか、気持ちは荒れていた」

当時を振り返るカブキ。様々な想いが交錯したと思う。

3月下旬、日プロが崩壊する直前に坂口征二がNETからプロレス放送再開の確約を受けて猪木の新日本と合体。4月1日、坂口は小沢、木村、大城大五郎の3選手とともに佐賀・肥前鹿島大会から新日本に出場する。

最後に残った選手会長の大木金太郎以下、上田、松岡、ミツ・ヒライ、小鹿、高千穂ら9選手は、旧日プロ（力道山・百田家）預りとなり、後に馬場の新団体・全日本プロレスに合流することになる。

その功罪はどうあれ、日本のプロレスの特殊構造である、付き人制と上下の主従関係のマイナス面だけが浮き彫りになり、長く尾を引いたのが日プロの没落劇の実状だ。力道山時代からの古い体質は払拭されても、今なお付き人制という育成システムは生き続けている。

21世紀という新時代を迎えても、日本のプロレスマーケットは分裂と解散、新団体の旗揚げの繰り返しで分散化が進む。プロレスの離合集散のドラマは、永田町の政界再編成と同じように、昭和も平成も、そして令和もそう変わりない。寄らば大樹の陰……。人間関係の綱引きはいつになっても難しい。

第三章
全日本プロレスのボスとして

ジャイアント馬場は夏が好きだったが、日プロ退団後、新団体設立に奔走し、Tシャツに短パンという気楽なスタイルではいられなくなった。

72年9月9日、馬場は正式に新団体・全日本プロレスリング株式会社設立を発表。「私は性格的に、先の先の先まで考えなければ、行動には移せないところがある」と自らを分析するにもかかわらず、そのフットワークは大胆で素早かった。驚くべき行動力だった。

まず、選手の確保が第一だ。レスラーは馬場、佐藤昭雄、サムソン・クツワダ、米国遠征中のマシオ駒（駒厚秀）と大熊元司の5人。手持ちの選手では旗揚げ興行は無理だ。馬場は日プロの先輩である国際プロレスの吉原功社長に協力を依頼。サンダー杉山と本郷篤の移籍が決まり、力道山の次男である百田光雄、いったん日プロを退団した馬場と同じ歳の藤井誠之が復帰して参加。どうにか日本勢の陣容が整った。

次は外国人レスラーだ。招聘ルート開拓のために馬場は米国のピッツバーグに飛んだ。親友のブルーノ・サンマルチノに協力を求めた。ちょうどその地区に来ていた〝黒い呪術師〞アブドーラ・ザ・ブッチャーの参戦を取りつけ、帰途に駒の遠征先、テキサス州アマリロに寄っている。

アマリロでは地元のプロモーター、ドリー・ファンク・シニアが「馬場が新団体を立ちあげるなら全面協力する」とバックアップの姿勢を見せる。しかもシニアの場合は、アマリロ地区を仕切るプロモーターばかりでなく、全米マーケットに睨みをきかすNWAの役員だから、外国人レスラーの窓口としてこれ以上ないぐらいの大物だ。

馬場は旗揚げまでに、頻繁に渡米した。何回か試合も行っている。そこでテキサス州ダラスのフリッツ・フォン・エリック、カナダ・バンクーバーのジン・キニスキーらが協力を確約してくれた。

会社設立に当って力道山の遺族の了解と協力を得て、未亡人の百田敬子と長男・百田義浩を役員に迎え入れた。その百田家から、力道山が締めたインターナショナル王座のベルトが贈られている。

旗揚げを72年10月21日と決め、インター王座のベルト披露を含めて用意万端整え、10月16日、東京ヒルトンホテル（現在のザ・キャピトルホテル東急）で百田家と共同記者会見を行っている。

旗揚げは両国・日大講堂での2連戦を予定していたが、10月21日は同講堂がふさがっていたために、東京・町田市体育館で前夜祭として開催された。

日本テレビの放映は「全日本プロレス中継」として毎週土曜午後8時から1時間枠と決定し、半年後にNETの毎週金曜午後8時「ワールド・プロレスリング中継」と視聴率争いで火花を散らすことになる。

旗揚げの「ジャイアント・シリーズ」全16戦に出場したのがサンマルチノ、〝銀髪鬼〟フレッド・ブラッシー、サンマルチノ直系のダッチ・サベージ、ドン・デヌーチ、アマリロからジェリー・コザック、10月21日〜11月1日までがテリー・ファンク、11月2日〜8日までがドリー・ファンク・シニアという豪華な顔ぶれだった。

10月22日、いよいよ両国・日大講堂における旗揚げ戦を迎えた。メイン・カードは、馬場vsサンマルチノとの世界ヘビー級王者（後のPWF）争奪第1戦が行われ、1対1で決着つかず引き分けに終った。

大会は成功裏に終り、順調なスタートを切った。その馬場・全日本が、新興勢力らしくフレッシュな話題をまいたのは、72年ミュンヘン・オリンピック大会、レスリング・グレコローマン100キロ以上級に出場した鶴田友美（後のジャンボ鶴田）の入団だった。

注目の入団発表は旗揚げシリーズ中の10月31日、東京・赤坂プリンスホテルで行われた。その席上で中央大法学部在学中の鶴田は、「プロレスは僕に適した就職と思い、尊敬する馬場さんの会社を選びました」とコメントを発した。

馬場はびっくりしたが、悪い気はしなかった。周囲を驚かせた鶴田の「全日本に就職しました」という発言は、関係者の間で流行語にもなった。

旧来の徒弟制度が色濃いプロレス界。その観念を吹っ飛ばした鶴田の入団発表は、後発団体の全日本に「明るく開かれた組織体」というイメージを抱かせただけでもプラス効果があった。

次の旗揚げ「ジャイアント・シリーズ」第2弾でファンのド肝を抜くような事件が起きた。12月19日の新潟大会だ。「負けたら馬場の軍門にくだる」条件で馬場vsザ・デストロイヤー戦が実現。力道山のベルトを賭けた「世界選手権争奪戦」の第4戦として行われ、馬場が土壇場でリングアウト勝ちを収め、2対1でザ・デストロイヤーを破った試合である。

ガイジンはヒール役、という既成概念を逆転させ、ザ・デストロイヤーは日本組に加担する。嬉しい事件として歓迎された。全日本入りしたザ・デストロイヤーは、この時、脂の乗り切った41歳。

外国人レスラーが日本側についた例としては70年、国際プロレスに参戦した英国のスター〝人間風車〟ビル・ロビンソンがエースとして活躍したことくらいだ。それ以来のセンセーショナルな出来事だった。

デストロイヤーは、日本組に加わったことによって、後に日本テレビのバラエティー番組「金曜10時！ うわさのチャンネル‼」にレギュラー出演する。和田アキ子にいじられて人気を博し、覆面のタレントとしても異彩を放った。

この〝白覆面の魔王〟ザ・デストロイヤー（本名リチャード・ベイヤー）が２０１７年秋の

叙勲で旭日双光章を受章したのには驚かされた。私の記憶では、プロレスラーが国から功績を讃えられて叙勲を受けたというのは初めてのことだ。国が「プロレスも文化だ」と認めてくれた証しだろう。

一時代を築いたジャンボ鶴田は、1999年に引退。翌年、逝去。（撮影・原悦生）

足4の字固めという得意技を武器にこれほど日本のファンに愛された外国人レスラーはいない。彼とは半世紀にわたる付き合いになる。「デストのお父さん、本当におめでとう」と祝杯をあげたい。

豪腕プロモーター、ジャイアント馬場

1973年2月3日、米国・セントルイスで開かれたプロレス・プロモーター組織、NWA(ナショナル・レスリング・アライアンス)の臨時役員会で馬場・全日本の加盟が認可されている。

そして2月27日、両国・日大講堂。力道山家から寄贈されたベルトをかけた世界選手権争奪戦で、馬場はボボ・ブラジルを破り、9勝1引き分けの戦績を残して初代PWFヘビー級王者となった。

PWF(パシフィック・レスリング・フェデレーション)という組織は、馬場が全日本設立時から抱いていた構想でオーストラリア、ハワイ、米国、カナダ、メキシコなど西海岸のプロモーターに提唱していた。パンパシフィック組織を確立して本部をハワイ・ホノルルに置いた。会長には英国出身のロード・ブレアースを据え、NWA傘下の団体として認可され、発足したのだ。

これでプロレス経営の基盤ができた。ちょうど、この時期、新日本がNETをバックにつけて、プロレスの放送を開始した。猪木・坂口の新日本、吉原功の国際と3団体時代を迎える。島国という狭いマーケットで3団体が鎬を削る興行戦争は激烈を極めた。新日本、全日本が年間200近い試合数、国際が150〜160試合。日本列島にプロレスが開催されない日はない。傍目にはプロレスは大繁盛に見えるが、実態は「1杯のコップの水を3人で奪い合う」ようなものだった。

こうした背景のなかで全日本が鮮烈な花火をぶち上げたのが3月17日、東京・世田谷区体育館で開幕した「第1回チャンピオン・カーニバル」だ。〝春の祭典〟と言われたカーニバル興行は、〝春の本場所〟として定着し、団体力をつけるために不可欠のイベントとなった。

その第1回の出場メンバーは、裸締めの名手マーク・ルーイン、ハワイの巨象キング・イヤウケア、カリプス・ハリケーン、バロン・シクルナ、ムース・モロウスキー、アントニオ・プグリシー、マッド・ラシアン（スタン・プラスキー）など馬場の提唱したパンパシフィック各地域で活躍する一流の強豪ばかり。無名なのは、初来日のジョージ・マッコリーぐらいのものだった。

旗揚げシリーズとこのカーニバルの出場メンバーを通していえることは、ジャイアント馬場がプロモーターとして〝顔が利いた〟ことだ。その力量と大物ぶりを業界に見せつけたのである。

猪木のNWA入りを妨害

その大物ぶりを検証するような取材が米国・ラスベガスで行なわれたNWA総会だった。私にとってこの取材は、その後の活動における貴重な財産となった。

この取材は、馬場が東スポに取材の依頼をしてきたのだが、それは猪木率いる新日本の加盟申請が却下されるのを見越して「現場の目撃者」として利用したかったからだ。経営者・馬場なりのビジネス感覚である。

国際プロレス担当の私が指名されたのには理由がある。同じプロレス記者のなかで情報が漏洩するのを恐れたからだ。東京スポーツでは、全日本と対立する新日本担当が先輩の桜井康雄記者（後にテレビ朝日解説者）、全日本担当がデスクの山田隆記者（日本テレビ解説者）。山田記者はデスクワークが主体だ。社内で微妙な三者三様の綱引きが行われ、目に見えぬ暗闘があった。

私は、74年8月3、4日（現地時間）、ネバダ州ラスベガスで開催されたNWAの年次総会に赴いた。

NWAの会員は、すべて個人名義。馬場は73年2月の緊急役員会（セントルイスのNWA本部）で加盟認可されている。新日本はアントニオ猪木がNETの泉専務を伴って加盟申請のためラスベガス入りする。

会場のデューンズ・ホテル入口には、ＮＷＡ総会の前日から歓迎のアーチがあった。私が全米のプロモーターが集う昼食会に出席できたのは「一人では退屈するだろう」という馬場さんの配慮だった。

この時のことは拙著『全日本プロレス　超人伝説』（文春新書）で書いているので、そのまま引用する。

〈居並ぶメインバーの顔触れに身震いした。全米のマーケットを仕切るボスたちの集い。壮観だ。まるで、映画「ゴッドファーザー」のワンシーンのようである。（中略）

馬場ファミリーのテーブルは馬場夫妻にジョー樋口レフェリー、日本テレビの原章プロデューサー（後に日テレ系福岡放送会長）と私である。

ホールはやたらと広い。両端がよく見渡せない。中央のテーブルには、セントルイスのサム・マソニック会長、豪州のプロモート権を売却し米国に戻ってきたばかりのジム・バーネット（前ＮＷＡ書記）、カンザスシティのボブ・ガイゲル。これを取り巻くように、ジョージア州アトランタのジム・クロケット・ジュニア、テキサス州ダラスのフリッツ・フォン・エリック、同州ヒューストンのポール・ボーシュ、馬場。前年、父親（ドリー・ファンク・シニア）を亡くしたばかりのファンク兄弟、オレゴン州ポートランドのドン・オーエン、テネシー州のニック・グラス、カナダ・バンクーバーのジン・キニスキーら主流派の面々が一堂に会した。南部フロリダ州タンパの大物プロモーター、エディ・グラハムは欠席、その代理として息子のマイク・グラハム、バディ・フラーが出席。元NWA世界ヘビー級王者パット・オコーナー、ジャック・ブリスコがいる。

一方、反主流派のグループはホールの片隅だ。東部一帯を仕切るワシントンDC&ニューヨークのビンス・マクマホーン、バッファローのフランク・タニー、ロサンゼルスのマイク・ラベール、カナダ・モントリオールのジャック・ルージョーらだ。オブザーバーとしてAWA(アメリカン・レスリング・アソシエイション)のボス、バーン・ガニア(ミネアポリス)の姿があった〉

いずれ劣らぬ〝ドン・コルレオーネ〟ばかりだ。これがプロレス興行の実態か。全米マーケットの80パーセント強を占めるNWA勢力図がいっぺんに俯瞰できた。名前と顔が一致しない大物は全日本プロレスの名物レフェリー、ジョー樋口さんに教えて貰った。この経験が後の取材活動の糧となり、テレビ東京「世界のプロレス」や格闘技専門局サムライTV「プロレス名画座」の仕事で生かされてくる。

猪木の申請は、案の定却下された。これで2度目である。新日本のNWA加盟が認められたのは、1年後の75年9月であった。このときの名義は副社長・坂口征二、専務・新間寿の2人だった。NWAの中枢に太いパイプを持つ馬場は、猪木の加盟を徹底して妨害し、猪木の名をNWAから排除したのである。

それにしても昼食会における馬場のゆったりとした悠然たるポーズは、なんなのだろうか。六本木の事務所や東京ヒルトンホテルでくつろいでいる佇いともまた違う。

名のあるプロモーターがわざわざ席を立って馬場のテーブルに挨拶にくる。ニコニコと座ったままで対応しているのだ。

ヒゲを生やし、下駄に法被姿。ニューヨーク、シカゴ、セントルイスと全米マットのメインストリートを闊歩したヒールの武者修行時代を思いおこしているのだろうか。

「こいつらに随分稼がせてやったな……」（ウフッフッ）

葉巻をくゆらしながら、居並ぶボスたちのテーブルを見渡す姿に、ジャイアント馬場の心象風景が垣間見えたラスベガスの2日間だった。

そのNWA総会取材の帰途、馬場さんが「モンちゃん、山田さんに言っておくからハワイに寄っていけよ」という。思わぬハワイ観光のプレゼント。日本テレビの原プロデューサーと一緒にホノルルの馬場宅に3泊することになった。

馬場がオアフ島の中心地、ワイキキビーチの高級マンションを購入したのは、70年のこと。30階の部屋からは、真っ正面にダイヤモンドヘッドが望める素晴らしいロケーションだ。馬場さん夫妻は「引退後、暮らすのならハワイ」と決めたのである。

翌日は、馬場さん夫妻、原氏はオアフ島でゴルフである。私はゴルフをやらない。カートで悪戯するばかりである。ところが、カートでバンカーに突っ込んでひっくり返ってしまった。「とんでもないキャディを連れてきた」と馬場さんに頭をポカリとされた。

高層マンションの部屋は夢心地、腰が宙に浮いて落ち着かない。その夜、コーヒー党の馬場さんは酒に見向きもしない。私たちには元子夫人から「あなたがたは、これでしょう」とサントリーのオールドを渡された。

棚には、高価なスコッチ、コニャックがずらりと並んでいるのに「ハワイで日本産かよ……」とボヤき、原氏とも「ケチだよなあ」とささやき合ったものだ。いまとなっては、ハワイの夜のいい思い出だ。

生涯忘れえぬラスベガスのＮＷＡ総会取材である。

プロレスが過熱した夜

馬場が全日本のオーナーとしての存在感を見せつけたのが、75年12月6日、東京・足立区民体育館で開幕した旗揚げ3周年記念「オープン選手権大会」開催だった。猪木・新日本にも参加を呼びかけた大会だ。

参加したのは国際のグレート草津、ラッシャー木村、マイティ井上の上位3選手ばかりでなく、旧日プロ代表として大木金太郎、米国からフリー選手としてヒロ・マツダ、それに全日本代表の馬場、ジャンボ鶴田、ザ・デストロイヤー、アントン・ヘーシンクという面々。

それに外国人のメンバーが凄い。ドリー・ファンク・ジュニア、ハーリー・レイス、アブドーラ・ザ・ブッチャー、パット・オコーナー、ダスティ・ローデスとディック・マードックのテキサス・アウトローズ。ドン・レオ・ジョナサン、バロン・フォン・ラシク、ミスター・レスリング、ホースト・ホフマン、ケン・マンテルという豪華さである。

オランダの柔道王ヘーシンクを除けば、実績のある強豪ばかりだ。当時のNWA会長、フリッツ・フォン・エリックが「お前、アメリカのマーケットを空っぽにする気か？」と馬場にクレームをつけたのもわかるような気がする。力のないプロモーターをうらやましがらせた派手な興行だった。

その大会期間中にぶち上げたのが12月11日、東京・日本武道館で百田家主催による「力道山十三回忌追善試合」だ。全日本、国際、旧日プロ勢のほか、オープン選手権に参加の外国人レスラーが出場する前例のない興行だ。実際に仕切ったのは、オーナーの馬場だった。

力道山家の名のもとに、猪木に武道館参加を呼びかけたのにもかかわらず、新日本は当日、蔵前国技館でアントニオ猪木vsビル・ロビンソンのNWFヘビー級選手権試合（60分、時間切れ引き分け）をぶっつけてきた。

これは68年1月3日、日プロの蔵前国技館と、国際プロの両国・日大講堂が同日に行なわれた〝隅田川決戦〟以来の興行合戦となり、プロレスがもっとも過熱した夜となった。武道館の現場にいた私は仕事に追われ、社に泊まり込んだのを思い起こす。

この前年、馬場は、74年12月2日、鹿児島県立体育館でNWA世界ヘビー級王者ジャック・ブリスコに2度目の挑戦をし、ブリスコ得意の足4の字固めを振り切って2−1の逆転勝ち、日本人として初のNWA世界王者となった。

馬場はこのほか〝美獣〟ハーリー・レイスとNWA世界戦で5度戦っている。いずれも僅差ながら、2度勝利を飾っている。

79年10月31日、名古屋・愛知県体育館で王者レイスに挑戦した際は、馬場はレイスのダイビングヘッドバットを自爆させ、18分24秒、ランニング・ネックブリーカードロップでKO。2度目のNWA世界王座へ見事に返り咲いた。しかし、11月7日の尼崎大会でレースに雪辱され、王座から転落した。

80年9月4日、佐賀スポーツセンターでも王者レイスに挑戦し、14分5秒に体固めで勝利。3度目のNWA世界王座に就く。これも9月10日、大津市皇子が丘公園体育館でのリターンマッチでレイスに11分58秒、片エビ固めに押え込まれ、三日天下に終わった。

馬場がこれだけ、NWA世界戦をやっているのに、私は試合そのものは一度も見ていない。国際とボクシング担当を兼ねていた私には、遠く手の届かなかった試合である。馬場とレイスなら手の合った同士、さぞかしダイナミックでド派手な試合で、面白かっただろう。想像するだけで残念だ。

現場の取材は、デスクの山田記者（日本テレビ解説者）だった。

この一連の国内でのＮＷＡ世界戦は、団体オーナーとしてのプロレスビジネスにおける外交力と政治力を示したもので、選手としての評価は難しい。

この間、全日本で悲しい出来事があった。

76年3月10日、現場責任者で、馬場にとっての軍師・黒田官兵衛のような存在のマシオ駒（駒厚秀）が内臓疾患で死去した。35歳だった。この日は、両国・日大講堂でジャンボ鶴田の試練10番勝負第1戦（vsバーン・ガニア）が行われていた。馬場が駒の遺影を胸に選手全員リングで冥福を祈る10カウントを行い、観客の涙を誘った。

駒は〝突貫小僧〟の異名を持ち、小柄で歯切れの良いファイター。早稲田実業では野球部で内野手だった。馬場のふたつ年下で、同じ野球出身とあって気の合った間柄。馬場の付き人第1号選手である。全日本の旗揚げメインバーだ。

大仁田厚、渕正信、園田一治（ハル薗田）の若手三羽烏を育て、大型新人・鶴田をつきっきりで指導した。口うるさい小鹿、大熊、高千穂（ザ・グレート・カブキ）らにも睨みを利かせた鬼軍曹だった。

几帳面で熱血漢。ボス馬場の薫陶よろしく、「プロレスラーは健全な社会人たれ！」が教育の理念。服装が乱れていた新人には平手打ちを食らわした。私はそんな人柄が好きだった。

私にちょうど長男が生まれた時期のことだ。

「モンマさん、男の子はデパートに絶対連れて行かないで下さい。大きくなってから、人間がダメになる」

理由は聞かなかったが、激しいセリフがいまだ忘れられない。

もしも、ならば……は使いたくないが、彼が健在だったら、全日本の分裂はなかったのではないか。そんな想いにかられる時がある。

「東スポ商法」の功罪

夏が来るたびに思い出すのは、79年8月26日に行われた東京スポーツ新聞社創立20周年記念「プロレス夢のオールスター戦」の舞台裏である。

新日本、全日本、国際3団体の選手が日本武道館に一堂に会した空前のプロレス・スペクタクルだ。馬場、猪木のBI砲コンビが8年ぶりに復活を遂げ、メインのタッグ戦でザ・ブッチャー、タイガー・ジェット・シン組と激突、勝利した試合である。

試合後、猪木がマイクで「馬場さん、次はシングル対決だ」と呼びかけたのだ。

馬場は思わず、「よし、やろう」と呼応してしまった。

猪木のスタンドプレーにしてやられた馬場、腸が煮えくり返る思いだったろう。

「この野郎、話が違うじゃないか！」

そもそも馬場は、この大会に乗り気でなかった。

東スポの桜井記者を間に挟んで馬場、猪木、吉原の、3団体の代表による話合いが行われた。「喧嘩している状態のまま〝一緒にやれ〟というのは無茶な話だ。3団体が協定を結んで初めて実現できる」

馬場はこう主張している。

しかし、その後、協定の話などなし崩し。

長いものには巻かれろという感じで主催者・東スポの圧力に押し切られている背景がある。

馬場はこのオールスター戦以後、猪木と接触することはなかった。東スポが大会の成功を受けて、2度目のオールスター戦を準備していたが、そのような話に一切乗らなかった。

ちなみに東スポがプロレスの発展、隆盛のために「プロレス大賞」を制定するのは、74年のことだった。初代選考委員長は、八田一朗日本レスリング協会会長である。

東京スポーツの社主が大映の永田雅一社長から右翼の大立者、児玉誉士夫（日本プロレス協会会長）に交替した頃である。

この先は、昔を懐かしむ戯言として受け取って下さい。

全日本が旗揚げした72年10月、系列会社「ジャイアント・サービス」を設立し、グッズとして馬場のイラスト入りTシャツやバスタオルを販売し始めた。

時期を同じくして東スポが3団体の人気選手の写真入りプロレス・カレンダーを作成した。それを3団体との肖像権、版権などビジネスに関する契約を交わすことなく販売したのだ。新日本は、担当の桜井記者と新間寿営業本部長から猪木のラインで販売にOKのサインを出したが、渋い顔をしたのが馬場だった。

「何でウチが東スポの商売に協力をしなければならんのだ」

全日本担当の山田デスクは理由をつけて、カレンダー委託販売の用件を私に押し付けてくる。「門馬君、俺、ちょっと忙しいから、馬場に会ってカレンダーの部数を決めてくれないか」という。原稿を書くよりしんどい仕事だ。

キャピトル東急ホテルの玄関を入って右側すぐのレストラン「オリガミ」にある特製ソファがジャイアント馬場の定位置である。入るなり、いきなりウイスキーのダブルの駆けつけ3杯を強要される。飲まなければ商談が成り立たない。イヤ味をたっぷり聞かされながらロックをたて続けに3杯。体中、火がついたような状態だった。

帰り際、玄関のドアに顔をぶっつけ、メガネのフレームを壊してしまったことがあるのを覚えている。

同じ用件で高田馬場にある国際の事務所を訪れた。弱小団体にもかかわらず「差別しないで、ウチも新日本、全日本と同じ部数くれよ」と吉原社長。虚勢を張って背伸びのポーズだ。

当時のプロレス団体にとって、東スポの押し付け商法は、正直にいって迷惑だったに違いない。

「日米レスリングサミット」開催！

レイスとのＮＷＡ世界戦のあと、プロレスラー馬場の存在感がさらに大きくなったのは、81年から82年にかけてである。

プロレス大賞の年間最高試合賞をシングル戦で2年連続して獲得しているのだ。引退がささやかれ出した43、44歳の年齢でこの殊勲。これこそグレイテストな「無事是名馬」の面目躍如だった。

81年の年間最高試合に輝いたのは、1月18日、後楽園ホールにおける「ジャイアント馬場3000試合連続出場突破記念第一弾」で行われた、馬場がＰＷＦ、バーン・ガニアがＡＷＡ世界ヘビー級王座をかけて初対決した試合である。1対1のあと両者リングアウトで引き分け。馬場が32文ドロップキックを放って〝ＡＷＡの帝王〟ガニアを驚かせた。

翌82年は2月4日、東京体育館で行われた王者・馬場vsスタン・ハンセンのＰＷＦヘビー級選手権試合。赤のタイツの馬場が両手を広げ豪快な32文ドロップキックをさく裂させ、ハンセンを吹っ飛ばした瞬間にはビックリさせられた。結果は両者反則のドロー。馬場が10度目の防衛を飾った試合である。

これが82年のベストバウトなのか？　と首をかしげたくなる大味な試合だったが、〝不沈艦〟ハンセンと初対決を果たしたのである。背景には、外国人レスラーの引き抜きをめぐる、新日本との全面戦争があった。馬場が〝最後の残り火〟を燃焼させた試合として忘れ難い。

新日本に看板の〝黒い呪術師〟ザ・ブッチャーを引き抜かれ、馬場は烈火の如く怒った。報復の第1弾がこの〝不沈艦〟スタン・ハンセンの電撃移籍である。仕掛け人は、ドリー&テリーのファンク兄弟だった。

ブッチャーが新日本のＩＷＧＰ参戦を表明して川崎市体育館に乗り込んだのは81年5月8日の第4回ＭＳＧシリーズ開幕戦だった。子飼いのタイガー戸口（キム・ドク）まで引き抜かれたのだから、馬場の怒りは半端ではなかった。

報復の第2弾として、ヒールのトップ、タイガー・ジェット・シン、上田馬之助の看板コンビと、軽量級で人気のチャボ・ゲレロを獲得し、新日本の外国人陣営に深手を負わせることになる。ゲレロは海外遠征から帰国したばかりの大仁田厚との抗争が評判を呼び、ジュニアヘビー級の試合でも全日本のマットで商売になることを実証してくれたのが収穫だった。

第3弾は、84年11月16日（後楽園ホール）、全日本&ジャパン・プロレス提携記念試合にダイナマイト・キッド、デイビーボーイ・スミスのブリティッシュ・ブルドッグズを登場させたことだ。

2人はすぐに暮れの「'84世界最強タッグ決定リーグ戦」に参戦し、歯切れの良いコンビ・プレーで全日本マットの常連となった。ニューヨークのＷＷＦ（現在のＷＷＥ）きっての人気チームだ。ビンス・マクマホン・ジュニア代表が「なんとかＷＷＦに戻してくれないか」と馬場に泣きついたほどだから、いかに痛手だったかわかる。

「売られた喧嘩を引き下がれるか、とことんやってやる！」

馬場の徹底抗戦に音を上げたのは新日本側だった。日本のマットで育てられたブリティッシュ・ブルドッグズを引き抜かれたのがよほど骨身にこたえたのだろう。以来、新日本が全日本の選手に手を出すことはなかった。オーナー馬場の逆鱗に触れ、その政治手腕の凄さを思い知らされたわけだ。

地位が人を作る。そんな言葉を連想したのが、馬場主導によって90年4月13日、東京ドームで行われた全日本、新日本、ＷＷＦ３団体による「日米レスリング・サミット」開催までの動きだった。

時代が平成に変わった１９９０年のことだ。アントニオ猪木が前の年、参議院選に出馬して当選。坂口征二が社長に就任した。坂口の誠実な人柄を知る馬場は、早速、坂口とのトップ会談を行う。１月４日、キャピトル東急ホテルで話し合い、全日本と新日本の協調路線を打ち出して冷戦状態を解いたのである。

同17日、馬場が新日本の２月10日開催の東京ドーム大会に鶴田、天龍源一郎、谷津嘉章、タイガーマスク（２代目＝三沢光晴）、ハンセンの５選手を貸し出すと発表して騒然とさせた。

馬場は「ベルリンの壁は崩れた」と発言し、明るい話題を提供してくれた。

この突然の発表は、新日本に参戦予定のNWA世界ヘビー級王者リック・フレアーが来日直前になってキャンセルし、困った坂口が馬場に相談したことに端を発している。馬場は「社長就任のお祝いだ」と言って敵対しているはずの団体にその度量を示したのだ。

馬場は米国武者修行時代、ジュニアの父親ビンス・マクマホンに世話になった。親父は選手を大事にしたが、息子のジュニアはあくまでビジネスに徹している。馬場はそんなWWF商法を嫌っていた。

馬場は、ジュニアを小さい頃から知っている。「こんな若造になめられてたまるか」という心理も働いたのだろう。日本のトップとして「アメリカの連中に日本のマーケットを荒らされてたまるか」という信念のもとに、WWFの侵攻を阻むことに腐心していた。

1月29日、馬場は坂口、マクマホン・ジュニアを従え、「日米レスリング・サミット」開催発表の席で満面の笑みを浮かべた。報道陣の質疑応答にも「俺が日本のボスだ！」とばかりに、貫禄のポーズを示した。

そのレスリング・サミットにはWWFからの初顔にハルク・ホーガン、アンドレ・ザ・ジャイアント、アックス&スマッシュのデモリッション、アルティメット・ウォリアー、ランディ・サベージなど人気選手の参戦があって、大成功を収めた。

馬場は〝大巨人〟アンドレと初めてコンビを結成し、「オレより背の高い選手と組んだのは初めて！」とご機嫌。タッグマッチでデモリッションに圧勝して話題をさらった。

この大会での最大の収穫は〝大巨人〟アンドレの獲得だった。

アンドレは、この時点でＷＷＦとの契約が切れていた。

馬場が、「全日本に来るか……」と誘うと、

「ババと組むのは楽しい。いま決まっているスケジュールを消化したら、ぜひ呼んでくれ」と快諾している。

そのアンドレ・ザ・ジャイアントが全日本のマットに上がるのは、90年9月の「ジャイアント・シリーズ」からのことだ。

第四章

多芸多才の人

先に、ジャイアント馬場は、たくさんの趣味があったと記した。この章では馬場さんの多芸多才ぶりを振り返ってみたい。

馬場さんが愛した歌

私のキャリアの大半は、東京・後楽園ホールを仕事場とした。全日本プロレスの試合が終るとエンディング・テーマ曲、坂本九の「上を向いて歩こう」が流れる。

この歌は1963年にアメリカ全土で大流行、「スキヤキ・ソング」として当時のヒットチャート1位になった伝説の名曲である。ジャイアント馬場の米国初の武者修行時代とぴったり重なる。

「俺さぁー、ホームシックになってさ、ニューヨークでこればっかり聴いていたよ。ジュークボックスにしがみつくようにしてさ、ポケットの10セントコインがなくなるまで聴いてたよ。

忘れられないというより、いまでも坂本の九ちゃんには感謝しているよ」

「上を向いて歩こう」のメロディーを背に馬場さんから後楽園ホールで直接聞いたことがあった。

全日本プロレスの試合会場でこの曲が使用されるようになったのは1980年代の後半からだったと思う。オーナー馬場の意向を汲んでのことだ。

1990年代になると12月は季節限定で、試合が終わると、CMで一躍脚光を浴びた山下達郎の「クリスマス・イブ」が流された。これは馬場さんより夫人の元子さん好みの選曲と推察するのが正しいだろう。

時は遡るが、1957年12月、馬場正平が読売巨人軍に入団して3年目に、視力が急速に衰え、脳腫瘍の手術をするため東大病院に入院するという只ならぬ出来事があった。生きる希望を失いかけた時期であったという。

幸い手術は成功し、視神経を圧迫していた腫瘍が除去されて完治したのだ。奇跡的に視力が失われることだけは避けられた。

その東大病院に入院するまでの間、巨人軍の合宿所近く、多摩川の土手の河原で〽俺は河原の　枯れすすき……と、「船頭小唄」ばかりを泣きながら何度も繰り返して歌っていたという。

その絶望の淵をさまよったときの心境を『ジャイアント馬場　オレの人生・プロレス・旅』の中でこう表現している。

〈「オレは19歳で、童貞のまま死んじゃうのかなあ」
とオレは生きることを半ばあきらめていたんですよ。この歌にはそういう思い出があって、今でも歌うと胸が切なくなってきます〉

馬場さんの口ずさむ歌はすべて森繁久彌調。伴奏なしでのんびり朗々と歌うが、カラオケでは歌わない。

全日本プロレスの最年長レスラー、淵正信はこう語っている。

「馬場さんは森繁さんの歌が好きだったね。そばにいたから2、3回テープを買いに行ったことがある。それと民謡が好きだから、時々聞いたことがあった」

巡業中、私が馬場さんの部屋でごろごろしていた時のことだ。

「俺さ、美空ひばりの『佐渡情話』が好きでね、あれいいねェー。『佐渡おけさ』とは、ひと味違うよさがある」

眠たげに喋り出したことがあった。どう受け答えしたか忘れてしまったが、こと美空ひばりの「佐渡情話」と「佐渡おけさ」に関しては他の歌にない思い入れがあったようである。

私は馬場さんの「佐渡おけさ」が好きだった。パーティーの席、酔った勢いで「おけさ歌ってよ」と迫ったことがある。愛着があるのだろう。決して怒ることはなかった。

「俺さ、『会津磐梯山』を歌うことあるけどさ、ほんとは『新相馬節』のほうが好きなんだ。相馬は会津より民謡が多いよなー」と語りかけてきたこともある。

福島県の浜通りに位置する相馬は私の故郷だ。「相馬盆唄」に始まって、重要無形民俗文化財、相馬野馬追に歌われる「相馬流れ山」など山仕事、野良仕事に結びついた歌が多く、民謡の宝庫である。

相馬地方の民謡を全国に広めたのは、鈴木正夫。息子の2代目鈴木正夫も新地町出身の民謡歌手で、私の高校の1年先輩。姉が〽愛ちゃんは太郎の嫁になる～で大ヒットした歌手・鈴木三重子だ。

馬場さんは、プロ野球での地方試合やプロレスの巡業での体験から聞き覚えたのだろう。民謡のことをよく知っていた。探究心が強く自分でもよく歌った。驚くほどレパートリーが幅広い。

私が好きだったのは〽ここの山の刈り干しゃすんだよ……と哀感を帯びた宮崎県高千穂地方の「刈干切唄」だった。そして、十八番は宮城県の「長持唄」だったと思う。

また、馬場さんが好んだのは、ノスタルジックにして叙情的な童謡と数々の唱歌である。

ここで思い出すのは、１９９９年4月17日、東京・日本武道館で営まれた「ジャイアント馬場お別れの会『ありがとう』」で見た光景だった。

ファンの記帳・献花の列が続くなか、会場では馬場さんが口ずさんだであろうメロディーが絶え間なく流れていた。

「荒城の月」「青葉城恋唄」と始まって山田耕筰のメドレー「この道」、「ペチカ」、「赤とんぼ」、

「からたちの花」のほか、「浜辺の歌」、「北上夜曲」、「故郷」、「さくらさくら」、ふるさと新潟の「砂山」……。

作家・辺見庸が悼むように、ジャイアント馬場は「詩情を湛えた人」だった。

叙情派、馬場さんと対極にあったのは、力道山のタッグパートナーでもあった怪力・豊登の歌である。下品の極みであった。

相撲甚句で鍛えた豊登のノドは、コブシが利いていてなかなかのもの。マイクを持ったら離さないタイプである。

何しろ軍歌とお下劣な替え歌ばかり。国際プロレスの九州巡業旅の時には、移動用バスのなか、聞くに耐えない歌の文句に、バスガイド嬢がしゃがみ込んで泣き出す始末。昭和プロレス巡業旅行には、そんな悪習もあった。居心地の悪かった巡業として記憶に残る。

馬場さんは故郷の後輩で、アメリカ遠征でブレークしたキラー・カーン（小沢正志）のノドに惚れ込んでいた。

その小沢が１９８０年代、キラー・カーンのリングネームで暴れだした頃のことだ。

「いま小沢は何やっているのかな、あいつの『俵星玄蕃』、もう一度聞きたいなあー」という。

三波春夫の名曲、「♪雪をけたてて、サク、サク、サク、サク」の赤穂浪士の一節「俵星玄蕃」である。キラー・カーンの歌は、体格がある（１９２センチ）から、声量豊かで、ド迫力だ。

1980年代末に引退した後は、新宿・歌舞伎町で居酒屋「カンちゃん」をオープン。新大久保に移転して頑張っていていたが、コロナ禍のために2021年春、閉店した。

私も彼の歌に聞き惚れ、お店に飲みに行った際には「馬場さんが頼んでいると思って、また『俵星玄蕃』を歌ってくれよ」とリクエストするくらいなのだ。

そのド迫力のボイスが買われ、キラー・カーンの名で日本クラウン専属歌手としてデビューし、2005年にCD「ふるさと真っ赤っか」ついで「新宿三六五夜」を出し、演歌界に進出した。プロレス関係者の間では話題になったが、肝心の売れ行きはどうだったのだろうか？

プロレスラーがレコードを出すのは決して珍しくない。国際プロレスから全日本に移籍し、所属選手となったサンダー杉山、同じ全日本プロレスのサムソン・クツワダ、レフェリーとして活躍した国際プロレス出身のマイティ井上、新日本プロレスでは木村健吾（現在は品川区議会議員）などがいる。

しかしプロレスラーがレコードやCDを出してもプロの歌手として成功した例はいまのところない。

セカンド・キャリアを夢にステージに立つ、プロレスラー歌手誕生という〝華〟のある話題があれば、ファンは喜ぶ。大相撲では増位山太志郎が演歌歌手として存在感を高めているのだから……。

プロレスはファンに〝希望〟と〝活力〟を与えてくれるビタミン剤のようなものだ。

コロナ禍の出口が見えない昨今、経営体力の弱い団体にとって、無観客や入場者制限は、死活問題である。

無観客試合が日常化してしまう光景は不気味だ。痛く切ない。後楽園ホールは、私の職場だ。足を運べない現実は辛い。半世紀に及ぶキャリアで初めてのことだ。

格闘技の聖地に「上を向いて歩こう」のメロディーが流れるのはいつの日のことだろうか。

ジャイアント馬場のアメリカ武者修行中、ホームシックを解消するには、「最後は精神力、我慢と忍耐だろうな……」と語っていた。今回の病疫にも同じように対処するしかないのだろう。

面白いもので執筆しているうち、馬場さんと九ちゃんの笑顔が私の脳裏に浮かんできた。五線譜の上でクロスして、まるでスイングしているようだ。夢想のスイングは、一度だけ仕事でご一緒した永六輔さんの人なつこい笑顔も運んできてくれた。

歌っていいもんだね、馬場さん。同じ越後育ちの小林幸子の「雪椿」をゆったり歌ってほしかった。これもまた、ひとつの心残りだ。

馬場画伯と藤田嗣治

馬場さんとの付き合いで悔やまれるのは、一枚の絵ももらえなかったことだ。

ジャイアント馬場は「絵を描いている時が一番楽しかった」という。絵画が生活の中に溶け込んでいたのだ。

馬場が描くのは油絵だけだ。水彩画もパステル画も一切やらない。描く絵はすべて水のある風景だ。朽ちた船とか、夕映えの波打ち際とか、海をモチーフにしたものばかりである。

絵心は小学5年生から芽生え、三条実業高校に入学した頃は「プロ野球選手が駄目なら絵描きになりたいな」と思っていたという。

母方の血筋にあたる叔母は岩田マサコ、夫は岩田骨光で夫婦揃って日本画家だ。高校の美術部での活動は1年だけだったが、どこかでDNAが作用していたのかもしれない。

馬場はいつも画材を巡業地に持ち込んでいた。

ある時、シリーズ巡業の宿泊地は秋田だった。

「モンちゃん、馬場さんが『来てくれ』って呼んでいるよ」

クマさん（大熊元司）がのっそり私の部屋に入ってきた。前の巡業地、青森では馬場にあんみつを付き合わされている。嫌な予感がしながらも、馬場さんのところへ向かう。

「ちょっと付き合ってよ。（大熊、駒の両選手を指して）あいつらでは駄目だから、騙されたと思って付いてきてよ……」

「勘弁してよ。しょっつる鍋で飲みすぎている。あんみつだけは絶対にイヤだからね」

しかし意外なことに、馬場さんに無理矢理引っ張られて向かったのは、千秋公園内（当時）

の秋田県立美術館だった。1967年に開館した。隣には秋田蘭画で知られた秋田市立千秋美術館があり、秋田の文化拠点である。

平野政吉館長は白髪混じりの小柄なおじいちゃんだった。

「あっ、この人が藤田嗣治の有名なコレクターか……」

藤田画伯が、大壁画「秋田の行事」や大作「北平の力士」などを生み出す支えとなったパトロンである。田中穣の著書『評伝　藤田嗣治』を読んでいたので、館長の人物像がある程度理解できた。

その平野館長は、羽織袴姿だ。

「大きいなー、デッカイなぁー」

馬場さんを見上げては溜息ばかり。〝東洋の巨人〟はいつものニコニコ顔である。おかっぱで丸い眼鏡がトレードマークの藤田画伯は、レスリングや相撲など格闘技に造詣が深かった。

馬場さんは、ひと通り藤田画伯の作品を見たあと、館長室で平野館長から、一枚の絵をプレゼントされた。私の目には、藤田画伯の好きな猫の絵のように見えた。いいなあー、歯ぎしりするほど羨ましかった。

平野館長は、馬場さんの人柄に惚れ、のちにジャイアント馬場後援会長になっている。日本プロレス、全日本プロレスを通じ、秋田大会における平野館長の羽織袴姿はリングサイドの名物風景だった。

馬場さんに秋田県立美術館に連れて行ってもらって以来、私は美術館巡りにハマった。全国の神社仏閣の石段を踏破することと合わせ、身体障害者2級になっても、いまなお継続している私の趣味である。

45歳を過ぎると、私の会社での肩書は編集委員になった。比較的自由に動けるようになり、何年ぶりかで全日本のシリーズに同行した。石段巡りのために短パンとバスケットシューズを用意して、向かったのは、鹿児島・鴨池の体育館だった。

「久しぶりだな。見知った記者がいなくてね」

馬場さんは大歓迎してくれた。

野外でランニングすると、人が群がってくる。試合前の準備運動はいつもなら館内だ。

だが、私は提案してみた。

「短パン持ってきているから一緒に走ろうか」

「オッ、いいね。こういうこともあるんだね」

馬場さんはご機嫌だ。

会場入りする前に、私は鹿児島市立美術館で藤田嗣治によるレスリングのスケッチ画を見てきたばかりだった。グレコローマンスタイルだろう。攻める側が相手のバックを取って、反り投げで投げようとしているところだ。レスラーの息づかいと筋肉の躍動感が伝わってくるデッサンだ。

走りながらそのことを告げると「ヘエー、その一点だけ、どうして藤田の絵が鹿児島にあるんだろう」と不思議がっていた。あの平野館長からもらった〝猫〟の絵、まだ手元にあるの？と聞きたかったが切り出せなかった。

鹿児島・鴨池を、馬場と共に走る。著者秘蔵の自慢の一点。

馬場さんに絵をねだる

馬場さんは地方巡業中、気が向くと海辺をテーマにスケッチに出る。キャンパスと画材を用意しているからすぐに絵を描きに行くのだとわかる。

東尋坊の近く、三好達治の詩碑が近くにあったから福井県の三国港だったと記憶している。後ろから馬場さんのスケッチをのぞこうとすると、「門馬さんでも駄目だってば……。馬場さんに絶対誰も近付けるなって言われているんだから……」と頑として阻むクマさん。１７９センチ、１２０キロの付き人に全力で抵抗されては手も足も出ない。馬場さんのスケッチをのぞこうとしても、いつも失敗に終った。

私が還暦を迎えたころ、馬場さんの絵をせしめようとしつこく粘ったことがあった。

「な、モンちゃん、俺、素人だよ、人さまにあげる絵なんか描けるわけないよ」

やんわり断ってくる。

「スポンサーの人にあげたということを聞いているよ。描き損じでもいいから一枚ちょうだいよ」

下手も絵のうちと言いだしかかったが……。

「な、わかってくれよ、俺の絵は完成間近になると、グチャグチャと真っ黒になってしまうんだ。しっかり基礎の勉強をしていないからだ。レスリングと同じで基本的な体力をつけて、しっかりした基礎トレーニングを積んでからデビューしないといけないんだよ。基礎のないものが、他人さまに絵をあげるなんて……」と言われ、私はしぶしぶ引き下がるほかなかった。

２０１５年の暮れ、東スポのプロレス大賞選考会の日、私は都内に宿泊した。竹橋の東京国立近代美術館で開催されていた「特集：藤田嗣治、全所蔵作品展示。」の鑑賞のためだ。

その時に、未亡人の馬場元子さんに電話を入れてみた。秋田の平野館長からプレゼントされた猫の絵のことを聞きたかったのだ。

元子さんによれば「あれね、絵じゃないわよ、藤田画伯の色紙をいただいたのよ」というのである。人間の記憶ってあまりアテにはならないものだ。ちょっと拍子抜けしてしまった。

新型コロナウイルス感染騒ぎで私の美術館巡りは小休止である。

全国のゴルフコース踏破の夢

ジャイアント馬場の日常のなかで、もうひとつ欠かせないのがゴルフだった。

力道山に引っ張り出されて本格的に始めたゴルフは「野球と同じ球技だし、オレにあっている」と熱中した。日プロのエースになってからはゴルフ用具一式を巡業に持参するようになった。ゴルフコースに出る頻度がさらに多くなったのは、全日本プロレスのオーナーになってからだ。

馬場さん愛用のゴルフバッグは白い厚木国際カントリー倶楽部のもので、正面にＧ・ＢＡＢＡの赤文字、サイドにミッキーマウスのイラストが入り、プレートには馬場正平の横文字表記があり、お洒落で絵になるバッグだった。

そのゴルファー馬場のベストスコアは、70年代の終りごろに相模原ゴルフクラブのメインバーコースでマークしたアウト41、イン40（パー74）、オフィシャルハンディは14。平均スコアは85〜86だったという。

全日本を旗揚げしてからのラウンドパートナーはもっぱらザ・デストロイヤーだった。互いに負けず嫌い。ＯＢを出した場合、ＯＫしたとかしないとか、もめることもしばしばあったとか。デストロイヤーが負けた時のセリフは、決まって「ババのケチ（笑）」だったという。

ジャイアント馬場のゴルフ行脚の目標は、全国のコース制覇だった。

ある日、「冗談半分に言ったけど、あれは無理だよ。潰れたり、また新しいコースができたりで、難しいね」と笑っていたことがあった。

それでも日本東西南北の最端（当時）のコースでプレーしているのだから凄い。最北端は稚内カントリークラブ、最南端は太平洋クラブ石垣島コース。最西端は五島列島の五島カントリークラブ、最東端が根室ゴルフクラブ。日プロのエース時代にはもう踏破しているのだから、〝東洋の巨人〟にしかできぬ芸当だ。

「ショートコースではパターしか使わない」という伝説もあった。
（撮影・著者）

そんな楽しいゴルフを謳歌する馬場でも、緊張でガチガチのプレーがあったという。

和田京平レフェリーの話だ。

「ハワイのコースで金田正一さんと一緒にプレーしたことがあるんですよ。馬場さんの表情が硬くて、緊張しっぱなし。あんなの初めて見たね。４００勝を挙げた大投手で、しかも巨人軍のＯＢである金田さんの凄さを肌で感じましたね」

全日本プロレスのボスもプロ野球の大先輩・金田正一には頭が上がらなかった。カネやんと馬場さん、読売ジャイアンツＯＢ会を通じて交流はあったようだが、それにしても２０９センチの巨体でコチコチに固まった姿を見てみたかった。

私は、19年に亡くなったカネやんこと金田さん（享年86）とは、２度ほど大阪で飲んだことがある。まだ東京スポーツに在籍していた頃だ。

大阪に出張中のことだ。大阪スポーツ社内でプロレスの観戦記を仕上げていた。

「モンマか、早よう、原稿書けよ！」

どこかで聞き覚えのある声だ。電話の主は当時、ロッテの監督を務めていた金田さんだった。

呼び出されたのは、大阪は北新地の瀟洒なバーだった。同伴者はロッテ担当の後輩、川上博宣記者（後に販売局長。故人）とロッテの広報担当者だ。

金田監督、少々口は乱暴だが、意外と静かな酒だった。ナイトゲームの疲れを癒す貴重なひと時。

「馬場は幾つになったかな。足腰はまだ大丈夫なんだろう」と喋ったくらいで、あとは野球の他愛ない話や選手の健康管理のことばかりだった。

「新聞記者も体力が勝負。うまいもの食わなきゃいかん！」

止まり木でのカネやんのひと言がいまだに記憶に残っている。

なぜか、ゴルフ担当に

ジャイアント馬場のゴルフの話に戻る。

「ゴルフは覚えておいて損しないよ。意地を張らずにやってみたら！」

そうやって、5ヶ月ばかり早く生まれたデッカい兄貴から、何度かゴルフの練習をすることを勧められた。だが、私も意固地に、打ち放しの練習場に通うこともなかった。

私はゴルフに対する考え方の違いで、馬場さんと何度か衝突している。

私の意見はパブリックのコースで安い料金のプレーができないものか、というものだ。村営、町営のゴルフ場で小中学生がプレーできる環境作りである。ゴルフ人口の底辺を拡大するという理想論だ。

「夢物語のようなことというなよ。何事もビジネスが優先！」

対して馬場さんは、肩を揺すって苦笑いなのだ。こんなことがあって、しばらく馬場さんと口をきかなかったこともあった。

ところが、こともあろうに、それからしばらくして、私はプロレス担当も兼ねたまま、ゴルフの担当デスクを命じられた。

「まいったよ。ゴルフのデスクをやれだって……。イチから勉強だ。まいったよ」

「な、言ったろう。覚えておいて損ないぞって。社命だろう。グチいっても始まらないだろうが……」

馬場さんに頭をこづかれた。ゴルフを毛嫌いしていた罰かもしれないと思い、受け止めるしかなかった。

東スポは夕刊紙だから、四大大会やアメリカのＰＧＡツアーなど、日本時間の早朝に行われる海外ゴルフの速報も売り物のひとつだ。夜型の人間が逆転、早朝に出勤である。午前4時半起きが、泣きたくなるほどに辛かった。

読書人としてのジャイアント馬場

列車移動の折り、グリーン車に座っている馬場さんは、眠っているか、読書かである。読んでいる本をのぞくと、すぐ隠してしまうのだ。

「別に悪い本じゃないけどさ、格好悪いじゃない。いいじゃないか、軽いサラリーマン物だよ」

米国武者修行から帰国した頃に読んでいたのは、源氏鶏太のサラリーマン物や、山手樹一郎、野村胡堂、山本周五郎といった時代小説がほとんどだった。インター・ヘビー級、インター・タッグの2冠王になった66年ごろからは、山岡荘八『徳川家康』や吉川英治『宮本武蔵』のような大河歴史小説に移行していく。

そして、全日本のオーナーになると、イザヤ・ベンダサンの『日本人とユダヤ人』からエンターテイメイントの柴田錬三郎、剣客物の池波正太郎、歴史物の本格派・司馬遼太郎まで幅広く読み始める。81年2月には、銀座・近藤書店のポスターに登場し、読書家として注目されてくる。

「柴錬の本は、読んでいない本がないぐらい読んだ。突然、国定忠治が出てきたりしてね。そういうところが柴錬の面白さだった」と語っていた。

『日本人とユダヤ人』について聞いてみると、「プロレスの世界では、ユダヤ人のことを知っておかないと商売できないからね。横文字を翻訳した本は苦手だね。カタカナの名前が面倒くさくなってわけが分からなくなる（笑）」。

言われてみれば、米マット界を牛耳っていたNWAの大物幹部は、会長のサム・マソニック、書記のジム・バーネット、テキサス・ダラスのプロモーター、フリッツ・フォン・エリックも、みなユダヤ系のアメリカ人。同じユダヤ系のブルーザー・ブロディが、エリックを「ボス」と呼び、彼の指示に黙って従っていたのもなるほどとうなずける。

人気が出る、ポジションがあがる。地位が人を作るというが、読む本のレベルと傾向も変わってくる。私は馬場の成長と読書の変遷を興味津々に眺めてきた。

日プロのエース時代、外に出れば人が群がる。アンドレ・ザ・ジャイアントと同じで衆人の目につくことを嫌って外出を避けて、室内で過ごすことが多くなる。馬場の場合は、読書ばかりでなく、麻雀にも熱中した。アンドレはアルコールに浸り、体を壊してしまった。

馬場の読書は、読み始めると夢中になるタイプだから、つい夜明かしすることもあったという。

「気がついたら、みんなが出て行ったあとでね、ちょっとひと寝入りして、あとからタクシーで次の試合地に行ったことがあるよ。オーナーになったら、そんなわけにはいかんわな（笑）」

還暦を迎えた頃の馬場さんは、「最近、老眼で視力が落ちて、目が疲れるんだよ」とボヤくことしきりで、読むと言えば、ゴルフ雑誌をめくる程度だった。

それでも司馬遼太郎の作品については何度か聞いたことがあった。たとえば越後長岡藩と運命をともにした家老、河井継之助を主人公にした『峠』の読後感だ。

「読んでいるとその人が幕府方でなくて、官軍方だったら偉いなぁ、とか、そんなことを考えたりしてね。新撰組だってそうじゃない。倒幕派から考えると新撰組は悪者になってしまう。でも、新撰組側から書くと、西郷隆盛あたりが悪くなっちゃうしさ。新潟は関係ないけどさ、ここどう言ったらいいかなぁ。俺、いまだにわかんないや」

私はプロレスとその周辺の裏話を聞くよりも、こうした本や絵の話を聞くほうが面白かった。馬場さんは他のレスラーにない大人の視野といろいろな引き出しがあった。

仙台の会場でのことだ。

その日、私はたまたま月刊誌「歴史読本」を持っていた。「石段踏査マンがいく」という連載（89年〜90年）をしていたからだ。プロレス巡業で各地を回った経験を生かして、熊本県中央町（現在の美里町）の釈迦院御坂遊歩道の３３３３段という日本一の石段から、東京のど真ん中、港区は芝公園の北にある愛宕神社の石段（男坂）まで全国の石段を踏破している。

「伊達政宗はなんで天下を獲れなかったと思う？」

「日本の中心から離れた東北の米沢や仙台が本拠地だったからじゃないの？」

「そう、地の利だよな。信長にしても、秀吉や家康にしても、みんな日本の真ん中あたりが本拠だもんな。あの辺りは土地は豊かだし、水運も発達していた」

こうした日常での会話のやりとりが、ゆったりのんびり気の休まる時間なのだ。

1995年1月17日、阪神・淡路大震災で兵庫県明石市の元子さんの実家が半壊の被害を受けた。ジャイアント馬場は、全日本プロレスの興行で集めた義援金を明石市に寄付しているが、それとは別に、自分の蔵書をかなり寄贈している筈だ。

亡くなる直前の1998年の暮れのことだ。「そのメガネ、老眼入っている？　ちょっと貸してみてよ……」と私のメガネを手に取った。

しかしメガネのフレームは馬場さんの顔にははまらなかった。兄貴の顔は私よりはるかにデカかったのである。

「ゆく年くる年」総合司会を務める

馬場さんにプロレス以外で驚かされたのは、82年大晦日から83年元旦にかけて放送された民放共同制作の「ゆく年くる年」総合司会に起用されたことだ。その年のキー局はフジテレビだった。

ウーン、世の中の価値観は変わった。私には衝撃的な出来事だった。

しかし私は、馬場さんが出演したその番組を見ていない。ほかの仕事に忙殺されてのことか、どこかに出かけていたのか、まったく記憶にないのである。そういえば、ボクシング担当になって以来、大晦日は見るとしてもK－1や総合格闘技の試合で、NHKの紅白歌合戦も見たことがない。

馬場人気の頂点は、この「ゆく年くる年」のテレビ出演を皮切りに、初の自伝『たまにはオレもエンターテイナー』（かんき出版）の出版に合わせ、83年1月23日、45歳の誕生日に元子夫人との結婚披露宴を兼ねた「ジャイアント馬場くんをますますテレさす会」のパーティーを東京ヒルトンホテルで行ったころだろう。

元子夫人との結婚を隠し通した経緯やそれにまつわる秘話、団体の後継者問題や引退の時期を含めた馬場自身の今後について、メディアの取材が殺到し、その身辺がもっとも賑やかだったかもしれない。

馬場人気に拍車をかけたのは「アポーウ」なるギャグが流行したことだ。74年に芸能界デビューしたタレント、関根勤が馬場のゆったりした仕草からヒントを得て「アポーウ」とパフォーマンスをやって見せた。これが子供からおばあちゃんまで浸透したからだ。馬場自身も「アポーウ現象」を受け入れ、これをきっかけに関根勤さんと親しく付き合うようになった。

ジェントルマンのお洒落は靴から

83年の1月2日、後楽園ホール大会は、恒例の「新春ジャイアント・シリーズ」の開幕戦。控え室で珍しく馬場がぶつくさ言っている。「ゆく年くる年」出演のときのことらしい。知名度の高い女性キャスターが、こともあろうに「このタキシード貸衣装ですか？」と聞いたらしい。人一倍服装や身だしなみに気を使う馬場さんは、「常識がない」と立腹の様子なのだ。滅多に感情を露わにしない馬場さんが文句を言っていたのだから、プライドをよほどいたく傷つけられたようだ。

ジャイアント馬場は、服装やファッションにはうるさかった。

夫婦揃って出かける時、元子夫人の服が気に入らないと、椅子から腰を上げなかったという。納得のいく着こなしだと、ヨシ出かけるぞ、となる。元子夫人は身だしなみにかなり神経を使ったらしい。

馬場さんのお洒落は、まず足元、靴からだった。16文のデカい足、マイシューズにはこだわった。

２０２０年4月、小学館のファッション誌「メンズプレシャス」春号が、８ページに渡り、ジャイアント馬場の靴を取り上げ、私は目をパチクリさせられた。

グッチ、アルティオリ、アルマーニなどイタリア高級メーカーの数々だ。紐を結ぶタイプではなく、履きやすいスリップオンの靴ばかりである。

知る人ぞ知るジェントルマン馬場のレガシーである。

出かけるときは「今日はあの靴を履くから、あのシャツを出して」という風に決めるという。

靴は日本の市販のものでは合うサイズがないので、アメリカのビバリーヒルズにある、馬場さんの足形が残っている店に、色だけオーダーしていたという。勿論、「GIANT　BABA」のネーム入りである。

馬場さんが靴にこだわるのは、中高生の頃、足が大き過ぎ野球部に入るまで大変苦労しているからだろう。

馬場さんの靴といえば、こんなことがあった。

これも、熊本市内の旅館「本陣」での出来事だ。その日は休日だった。

同行の鈴木皓三カメラマンが、玄関で猫が馬場さんの靴にすっぽりはまって寝込んでいるのを見つけた。

「可愛い……」

ワンショットは押さえたが、猫を起こすのもかわいそうだ。馬場さんの部屋に行って事情を話し、出かける時間をずらしてもらった。

ところが、その猫、馬場さんの靴にオシッコをしていたのである。猫のオシッコは、人間のそれよりはるかに臭い。

「Number」1987年5月20日号にも登場。（撮影・検見﨑誠）

後日、鈴木カメラマンは「あれはまいったよ。馬場さんに謝る時、本当に困った。あの靴、高いんだろう。馬場さんは『仕方ないじゃないかあ』って口をモグモグさせて変な顔してたけど。叱られなかったので助かったよ。てっきり怒鳴られると思ったから……」と言いながら、熊本の名酒「美少年」をあおっていた。

グッチだったのかアルティオリだったのか。馬場さん、猫にオシッコされた靴、その後どうしたんでしょうね。

話は少々、脱線した。本題に戻る。

既製服では自分のサイズに合うものがないから、馬場さんは洋服にもうるさかった。着用するものすべてオーダーメイドである。

ジャケットやスーツは、横浜の「キングスクラウン・テーラー」の野田昭夫さんの仕立て。

私にとっても日本プロレス時代からの顔なじみ

の野田さんは、細身で温和な紳士である。馬場さんとの付き合いは40年近かった。

それ以外はアメリカ製のものばかり。アメリカには大型サイズの洋服を扱う「ビッグ&トール」というお店がある。そこで気に入ったものがあれば、同じものを何枚も買い込んだ。

ただし、ジーパンに関しては「あれは作業着だからな……」といって手を出さなかった。

ジャイアント馬場は、都内での大会場での興行やタイトルマッチのときには、必ずジャケットを着用して自宅を出た。身だしなみを整えるのも試合を前にした儀式の一つだったのだろう。

巡業旅にはバッグとスーツケースも欠かせない。日本プロレス時代はサムソナイトのバッグを使っていたが、全日本のオーナーになってからは、ゼロハリバートンのスーツケースを愛用した。

私には金属製のゼロハリバートンの価値がわからないが、大と小のふたつをうまく使い分けていた。

大きい方は試合用でタイツやレスリング・シューズ、全日本のジャージ、靴下、タオルなどを収納し、小さい方はホテル用で薬、パジャマ、ノートなどの小物が入っていた。私にとっても懐かしい品々だ。

また、グッチの製品を愛したのは、ジャイアントと「G」の一文字が重なっていたからだ。ベルトのバックルもGUCCIの「G」なのだ。サングラスもレイバンかな？　と思ったらグッチだった。心憎いお洒落である。

ジャケットや普段のシャツにしても、シーズンごとに上手に使い分け、絵描きさんらしく、美的感覚にすぐれていた。

そんな馬場さんに、巡業先で「オーッ、モンちゃんもバーバリーのコートを着れるようになったのか……」と声をかけられたことがあった。

他人の身だしなみや服装の変化をしっかり観察している人だった。

大好物は甘いもの

2017年の秋、馬場さんのふるさと新潟の「こしひかり」の新米が届いた。前後して天龍源一郎のふるさと福井から新ブランド米「いちほまれ」が届いた。福井出身のプロレス知識人からである。新米の競演。嬉しいね。豊穣な秋である。

「これ田舎の米だよ、食べてくれ……」

記憶の中で、オムスビを頬張る馬場さんの顔は豊かだった。

巡業旅では馬場さんのこんな心遣いがあった。

1976年、全日本の秋のシリーズだった。この年の夏、カナダ・モントリオールのオリンピックの取材から帰ってきたら、「モンマ、明日からあまり外に出るな。デスクをやれ……」という部長からの命令が出た。ショックだった。俺はまだ現場で仕事をしたい。

だから秋のシリーズは、これが最後だと心に決めた傷心のサーキットとなった。

あれは、九州は長崎県の諫早市、昼の試合が終わった後だった。馬場さんに「デスクに棚上げされて、あまり旅に出られなくなる」と告白した。

試合後の馬場さんは旅館に戻ると、大広間で選手たちを前にして「なあー、聞いてくれ。モンちゃん、偉くなっちゃって、あまり旅に出られなくなるんだって。歓送会をやるから、モンちゃんの仕事が終わるまで、食事の時間、ちょっと待ってくれよ」という指示を出した。

若い選手は腹がへっていたと思う。もう午後6時半を回っていたと思う。その時の待ちくたびれたジャンボ鶴田のうらめしそうな顔……いまだ瞼の裏に残っている。

どのくらいの時間で電話送稿の仕事を終えたのか、よく覚えていない。

ようやく宴会の席についたものの、選手たちの冷たい視線が突き刺さる。乾杯のビールのニガかったこと、選手と一緒の会食も善し悪しである。ただし、お膳で出たうなぎのかば焼きが旨かったことは強く印象に残る。馬場さんの心遣いは嬉しかったが、私には忘れがたい諫早の夜となった。もう一度、諫早のうなぎを食べたい。

そんな優しい面がある一方、私はいろいろと意地悪もされた。

マンジュウ責めに何度泣かされたことか。決まって二日酔いの時を見計らってアタックしてくる。本当に憎ったらしいやつ！

あれは69年のインター・タッグ王座防衛戦でのことだ。決戦前日、コンディションや決意を聞く必要があった。札幌の宿舎だった。前夜もしこたま飲んでいる。

テーブルの上にお菓子の箱があった。

「これ三つ食ったら喋るよ」

うわっ！　マンジュウだ。また〝東洋の巨人〟の意地悪が始まった。

食べないうちは、口を開いてくれない。原稿の締め切り時間が迫っている。胃がムカついているのに、地獄の責め苦だ。

二つめまでは飲み込んだが、三つ目の半分は吐き出してしまった。涙がポロポロ……洗面所に直行である。

部屋に戻ってくると、こちらの無残な顔を見て、幅広の肩を揺すって笑っている。ここからようやく仕事なのだ。情けなかった。

また、仙台・宮城県スポーツセンターでの試合前にはこんなことがあった。プロレス以外のことでコメントが必要だった。

「その前にこれを三つ食べなよ。そしたら答えるよ」

また、である。白松がモナカだ。白あんと黒ゴマ、交互にやれという。私は仙台の文化圏内に育っている。好きな最中だが、前の晩、飲み過ぎている。ノドを通るわけがない。

「ひとつで勘弁してよ」

「ダメだ。三つ食べないと喋らないよ」

ひとつ半食べたところで、むせ返ってそれ以上は無理だった。トイレに駆け込んで帰ってくると、両肩を揺すって勝ち誇ったように笑うのだ。ムカっ腹がたつ。

「いい加減にしてくれよ、馬場さん、あんたと同じ体格だったら、蹴っ飛ばしてやる」

「オウッ、上等だよ」

痛い！　こちらの足を16文の片方でグイと踏んでくるのだ。革靴の上からとはいえ、140キロの体重が乗っかってくるのだから身動きができない。タンカを切ったものの、〝東洋の巨人〟のストンプは頭のてっぺんまで響いた。

馬場さんのマンジュウ責めは夢に出るほど怖い。

このエピソードは、ジャイアント馬場の三回忌、七回忌、十三回忌の席上でスピーチするときに繰り返したエピソードである。元子さんの前で嫌味たっぷりのぼやき節である。

ところが、喋っているうちになぜか涙腺がゆるんでくるのだ。私には脳梗塞の後遺症で右半身マヒがある。いったん涙が出ると止まらない。制御弁が壊れてしまっている。

馬場さんが亡くなった直後、フジテレビの朝のワイド番組に出演した時も涙声になってしまった。NHKのEテレ「グレーテルのかまど」で馬場さんの好物だった大福が取り上げられた回があった。その時も取材中、思い出を語っているうちに涙である。それ以来、感情の高ぶる冠婚葬祭にはあまり出席しないことにしている。

一方で馬場さんは、自分がマンジュウや大福を食べているときに、人にはくれないのだ。仕事にかこつけると、人のことをいじめるのに、列車の移動などでは、自分が手にしているものを「これ食べなよ」とは、ひとことも言ってくれない。

東北本線の郡山駅で磐越西線に乗り換える際、時間がある。自分は列車に乗り込んでおいて「モンちゃん、あれふたつ買ってきてくれよ」というのだ。

郡山名物・薄皮まんじゅうである。一口大の小粒のまんじゅうは、私も好きだ。確か20個入りの筈だ。

手渡しすると、馬場さんは嬉しそうな顔。そして、ポイと豆粒のようにひと口なのだ。あっという間に1箱たいらげてしまう。こちらにもひとつくらいもらえるのかな、と思ったらふたつ目の箱を開きはじめた。驚くよりあきれ返った。

同じ経験は、東スポの後輩・川野辺修記者にもあるそうだ。

「郡山の薄皮まんじゅうでしょう。人に買わしておいて1個もくれないもんね。あれはないよねェー」

あんこが大好きな馬場さんは、つぶあん党だ。

「こしあんはちょっと上品過ぎてね」

あんこ談義はいつもニコニコ。

「とらや」の羊羹を7本、いっぺんに食べたこともあったとか。車でとらや本店の前を通ると「いいよなぁ、とらやのお店の人はとらやの羊羹を食べられて……」とうらやましがっていたという。

これじゃあ、糖尿病になるのも無理からぬこと。馬場さんが糖尿病と診断されてから唯一、私が優越感にひたれるシーンは、紅茶を飲む際、たっぷり砂糖を使ってみせることだ。

コーヒーにダイエットシュガーを入れる馬場さん。

私がカップに砂糖を入れるのを見詰めて「いいなあー」と溜息なのだ。

そういえば、99年4月17日、日本武道館で営まれた「ジャイアント馬場お別れの会『ありがとう』」では、祭壇中央に設置されたリングに、夥しいお供物の山があった。馬場さんの好きなスイーツがピラミッド状に盛り上がっている。ふるさとの笹あめ、笹ダンゴ、草モチ（よもぎ）、「豆モチ、大福ばかりでなく、チョコレート、お菓子類など甘い物がてんこ盛りであった。

会のあと、あんなにたくさんあったスイーツの山、どこに行ったんでしょうね。元子さんに聞くのを忘れてしまった。

不思議だったのは、ダンゴ、大福など和菓子と食べるときは、飲むのは普通はお茶だと思うが、馬場さんはコーヒーオンリーなのだ。これは終生、変わることはなかった。

キャピトル東急ホテルに指定席が

食生活に関しては、好き嫌いがなかった。209センチ、145キロの胃袋を満たしてくれるのは、自宅以外では、全日本のセカンドハウスとも言われた永田町のキャピトル東急ホテルだった。

後楽園ホールや首都圏での試合、麻雀（徹マン）のあとの休息所は、同ホテルのレストラン「オリガミ」の専用ソファだった。日本料理は「源氏」、中華料理は「星ヶ岡」を利用した。同ホテルでの個人支払いの額では馬場さんがトップだったという話がある。サービスでネームプレート入りの特別なマッチまで用意されていたのだから居心地がよかったわけだ。

柔道をしていた坂口征二がプロレス転向に踏み切ったのは馬場の豪華な食事風景に惹かれたからという説がある。旭化成勤務だった坂口は、日プロ幹部に会うために宮崎県延岡市から上京し、芳の里社長に六本木の「瀬里奈」に呼ばれて、馬場、遠藤らと一緒に会食した。出てくる料理にビックリしたという。

「こっちはサラリーマンですよ。しゃぶしゃぶなんか食ったことなどないじゃないですか。プロレスラーはこんな豪勢な食事しているんだって、うなったね。馬場さんの食いっぷりが凄かったね。４人で肉を１００人前おかわりしたんですよ（笑）」

日プロが坂口をスカウトしたのは、新団体・東京プロレスに走った猪木に対抗するためだった。その坂口が日プロを退団して猪木と新日本プロレスで合体するのだから皮肉な巡り合わせだ。

米国やハワイを往復する馬場に、肉料理は欠かせない。ステーキ、しゃぶしゃぶ、焼き肉……。その量は半端でない。ステーキは一般人のような２００～３００グラム単位ではない。５００グラム、８００グラムは普通である。しゃぶしゃぶなら2キロ、３キロを小分けにパックしてもらう。足りない時はさらにまた買いに行くというから我々には想像のつかぬボリュームである。

しかし、全日本のオーナーになった40代の後半から和食にスイッチするようになり、洋食一辺倒ではなくなった。カロリー制限を念頭に入れ、バランスのいい食生活を心掛けるようにもなった。

好んでオーダーしたのは、麻雀帰りの朝なら、和定食（焼き魚）が多かったとか。

ランチは、チーズバーガー。それもスイス原産のグリエールをコーティングしたもの。アイスティーを横におき、ストローを２本差してグイと飲み、チーズバーガーをガブリが馬場流のスタイルだ。

中華料理で好きだったのは、鶏肉とギンナンの炒め物だった。

ちなみに私がランチでよくご馳走になったのは、排骨拉麵《パーコーラーメン》だ。馬場さんはチーズバーガーを食べて、なおかつ排骨拉麺ということもあった。常人とは胃袋のスケールまで違っていた。

ジャイアント馬場の食に関しては、『ジャイアント馬場　王道ミュージアム』（エンターブレイン）が詳しい。

馬場さんのセカンドハウスと言われた東京・永田町のキャピトル東急ホテルにおける朝・

昼・晩の食事風景が描写された豪華本だ。編集構成に当ったのは、元週刊プロレスの市瀬英俊氏。番記者として馬場・全日本をバックアップしたひとりだ。

第五章 巡業の旅は、東へ西へ

〝ドサ回りのモン〟の国内巡業でもっとも印象に残るのは、青森と函館を結んだ青函連絡船の旅だ。

日本プロレスのシリーズ巡業は春・秋が基本コースだが、夏にも巡業がある場合には、年に3回、青函連絡船を利用することがあった。海が荒れず、船酔いさえなければ、イカのポッポ焼きに生ビールの3時間50分の快適な船旅が楽しめた。

ところが青森駅から、青函連絡船の乗船場までの通路がやたらと長い。

ジャイアント馬場が『オレの人生・プロレス・旅』の中で口述しているように〝地獄の通路〟なのだ。私の推定でその距離は800メートルぐらいだったと思う。

「オレはオヤジさん（力道山）の命令で両手にダンベルを持ち、上下運動を休みなく続けさせられて、連絡船に乗り込んでもしばらく足の震えがとまらなかった」という。

このようなつらい目に遭った人は、1988年3月の青函トンネルの開通によって青函連絡船が廃止されるまで何らかの形でいた筈だ。

私も１９７０年代、写真部の電送機（約15キロ）を持たされ、何度も泣かされた覚えがある。

苦労人に優しかった

本書の執筆中に、辰巳出版発行の『実録・国際プロレス』（Gスピリッツ編）が届いた。元「週刊ゴング」の佐々木賢一氏編集による６２３ページからなる労作である。

驚いた。２０１７年、食道がんで亡くなったデビル紫（村崎昭男）が全日本に参戦する直前だったとか、米村勉の会津若松大会のみ限定出場の裏話など、元国際プロ勢と馬場の接点を明かしている。国際担当であった私の知らなかった秘話がゴロゴロ。

特に米村勉（米村天心）のインタビューが興味深かった。

〈馬場さんが国際で巡業される時は、いつも俺が付き人みたいなことをさせてもらいました。食事を一緒にさせてもらったり、〝ヨネ、小遣いないんだろう〟と言っていただいたり凄く可愛がってくれましたよ。馬場さんは俺が草津さんに苦労させられていると知っているから余計に可愛がってくれたんだよね。北海道から青森にフェリーで渡る時、俺は馬場さんと草津さん両方の荷物を持っていたんだけど、船に乗れなくて困っていたら、馬場さんが草津さんの荷物を持ってくれたことがありました。馬場さんには、本当にいろいろお世話になりましたね〉

全日本のオーナーが国際プロの前座レスラーの荷物を持ってあげて、国際プロの現場責任者グレート草津は手ぶらだったとか……。その情景を想像しただけでも泣けてくる。この３人はすでに他界しているが、彼岸ではどんなお付き合いをしているのだろうか。

米村は特別なケースだった。馬場さんが彼の朴訥さと真面目な性格に惚れ、プロモーター兼選手として全日本所属のような扱いをしたことだ。そんな前例を見たことがない。

米村は１９８１年８月、国際プロレスが活動を停止した時点で、奥さんの実家である福島県会津若松市にちゃんこ料理店、「やぐら太鼓」をオープンしている。半ば引退という身分ながら、全日本の試合には〝会津限定のレスラー〟として出場し、チケット販売など、セールスとプロモーター的な仕事をやっている。

馬場さんは米村がグレート草津の付き人として苦労していることを知っていた。だから通常では考えられぬ青函連絡船での光景が見られたのだ。

しかも全日本の試合が行われるのは必ず10月末からである。雪が降る前のこのころから会津地方は農閑期に入る。馬場さんは〝会津限定レスラー〟にそこまで配慮していたのである。

体育館の天井を見れば……

馬場さんは、巡業旅の出発点となったプロ野球の巨人軍時代のことを『王道十六文』でこう回想している。

〈オレの初めての旅らしい旅、といってもほとんどすべてが巡業ですが、その巡業の旅は、巨人軍二軍時代の昭和30年に国鉄スワローズと盛岡へ帯同遠征した時です。新幹線のないころですから、前日に上野駅から汽車に乗って行ったんですが、選手はもちろん千葉二軍監督も三等車（普通車）でした。今はどうかは知りませんが、当時の二軍生活は厳しかったですよ。

二軍の試合は、当時すべてデーゲームでしたから、早朝に汽車に乗って着くとすぐに試合をやり、終了後に夜行列車に乗って次の試合地に行くということもありました。プロレスラーになって、こういうのを〝ハネ発ち〟と呼ぶことを知りましたけどね。日本プロレス時代は、もうハネ発ちは慣れっこになり、今でも時折りやっています。

巨人軍二軍時代に、オレは汽車の網棚に乗って寝たこともありますよ。夜行列車で寝台車なんて使わせてくれないし、昼間の移動でも北海道巡業で函館の次の試合地が北見というときがあって、当時10時間以上もかかりましたから、どうしても眠くなるんです。あの頃の荷物棚は文字通りの網棚で、ハンモックのような網が張ってありましたから、体がすっぽりと入ったんです。オレだけじゃありません。オレは先輩の知恵に倣ったわけですから、網棚に寝ている選手がいっぱいいました。当時のオレは身長は今と変わりませんが、体重が軽かったですからね。

時が過ぎて、プロレスはプロ野球や大相撲と違って、リング輸送のトラックが通れる道さえあれば、どんな辺鄙な田舎でも興行が打てます。お陰でオレたちは、観光客など絶対いかないような土地を回っています。日本の隅から隅まで知っているという事では、プロレスラーが一

番じゃないでしょうか。ですからオレには、

「ここへ一度行ってみたい」

という土地は、日本にはありません。

オレが景色を見ながら巡業の旅をするようになったのは、昭和から平成に変わったころからでした。会社の状態が上向きになって心に余裕が出来たことと、年齢も50歳を過ぎて
「いつかはやめて、旅も出来なくなるんだろうな」

という気持ちになったからです〉

全日本プロレスのロゴマーク入りの選手移動用バス。ジャイアント馬場の指定席は、一番前だった。前方の視界が利くし、足が投げ出せるからだ。

1990年9月、〝大巨人〟アンドレ・ザ・ジャイアントが、全日本に初参戦して馬場とコンビを組んだことで日本選手と同じ本隊のバスに乗り込む。馬場さんと同じ一番前の席である。座席の下にはなんと、赤ワイン1ダースなのだ。銘柄はこだわらず「メルシャン」を愛飲したという。

なにしろ、アンドレの飲む量は半端ない。

「モンマさん、聞いてよ、あれを移動中に全部飲んでしまうのよ。馬場さんも、あいつはファイト・マネーのなん分の一飲んだろう……って呆れ返っていたわよ」とは、元子さんの談である。

飲めば、とうぜん出す量も凄い。アンドレの国際プロレス時代、まだビール一辺倒のころだ。盛岡の会場でたまたま連れションになってしまった。凄い。その放尿の量は、強い勢いでしかも長い。「こいつ牛馬並みだ」とあきれ返ったことがあった。

馬場さんが国内の巡業で好きだったのは北海道のサーキットだった。

『王道十六文』の中で「オレが一番好きな景色は、函館から長万部へ行く途中の右側に見える大沼国定公園です。ここは汽車で通ってもバスで通ってもよく、昔から変わっていません。北海道の景色は雄大ですね」とある。

駒ヶ岳が絵になる大沼国定公園付近の風景は、馬場がアメリカ武者修行中に、コーチのフレッド・アトキンスに鍛えられた場所、カナダはオンタリオ湖畔のクリスタルビーチに似ていたからかもしれない。

〈私が彼から最初にもらったクレパス画も夕陽がモチーフになっていた。バックは海ではなく、北海道の大沼国定公園だった。全日本プロレスのスタート当初はバスではなく、列車で回っていたが、北海道のときは、列車が大沼公園の辺りにさしかかると、私が寝ていても馬場さんは「ほら、大沼だよ」と必ず声を掛けてくれた。北海道のなかでは彼が一番好きな場所だし、私もとっても気に入っていたので、いつの間にか、私が寝ていても起こしてもらうのが習慣になっていたのだ〉

元子さんは著書『ネェネェ馬場さん』（講談社）の中で馬場さんが好きだった北海道のこと

をこう回想している。

　そんなジャイアント馬場の巡業旅における目的地は必ず体育館だ。プロレスラーしか体感できないのは試合会場の天井の形状だという。どこの会場か、天井の様子の違いを見てわかったというから驚く。

　また『王道十六文』の中の一文を引用する。

〈オレは、全国の体育館の正面からの全景写真を見せられても、何々体育館と言い当てる自信はありませんが、体育館の天井の写真を見れば、百発百中ですよ。バスは体育館の横から裏につけ、俺たちは選手通用口から出入りしますから、体育館の正面入口はあまり知らないんです。でも、天井は試合前に受け身の練習をするたびに見ます。試合中に投げ倒されれば目に入るのは天井だけです。一日何回も天井を見て、それを38年余りも続けていれば、いやでも覚えてしまうわけですね。体育館の天井みんなそれぞれ大なり小なり違っていて、同じ形は一つもないんです〉

都合の悪いことにはすべて蓋

　ジャイアント馬場は、もちろん完全無欠の善人ではない。人間誰しも欠点があるように、馬場さんの場合は、自分の都合の悪いことは、すべて蓋をしてしまうのだ。

大きな身体のコンプレックスの裏返しなのかもしれないが、イヤなことを包み隠してしまう性癖がある。そこに生来の臆病という性格が作用していることは否めない。

その実例としては、持病となった糖尿病と直面した時のことがあげられる。

馬場さんは、日本プロレスを退団する30代後半、かかりつけの病院で「糖尿病ですよ。食生活に気をつけて下さいよ」と、担当医からきつい警告を受けている。ご存知のようにスイーツ党で肉一辺倒の食事が原因だ。

現役バリバリのころだったからか、これを徹底的に隠し通した。その弁明がふるっている。

「プロレスラーは頑丈な人間の見本のようなものだろう。病人がリングで試合したらおかしくないか。私は病気持ちと言ったら、お客さんに失礼になるじゃないか。何も自分から糖尿病だ、なんて言う必要ないよ」なのだ。

怪我についても同様で、

「怪我しています、って自分から言う馬鹿がどこにいる。プロレスに多少の怪我や痛みはつきものだから、隠し通してやるのがプロというもんだ。それぐらいの職業意識を持たなくてどうする」なのだ。

「怪我するやつも悪いが、怪我させた方も悪い」が持論。全日本プロレスの若い選手には、受け身の練習を徹底させ、「受け身の下手な奴は試合には出さんぞ……」とばかりに、プレッシャーをかけた。現在なら、無言のパワーハラスメントといわれるだろう。

だから、全日本プロレス系の選手は総じて受け身がうまい。

この受け身の練習で思い起こすのは、1995年に全日本へ初参戦した巨漢、ゲーリー・オブライト（故人）のことだ。

192センチ、160キロ、ヒゲ面で前歯の欠けた怪豪・オブライトを馬場さんはつかまえ、「強いのはわかるが、自分が怪我をしても、相手を怪我させても駄目だ」と懇切丁寧にプロレス——とりわけ受け身の指導をしている。この事実は意外と知られていない。

このオブライト、なにしろプロフィールが輝かしい。米国・ネブラスカ大のレスリング部で大活躍し、NCAAでV3を飾った猛者なのだ。

彼の必殺技、投げ放しジャーマンスープレックスの威力はすさまじかった。投げられた相手は受け身が取れず、何人も失神させられている。対戦が多かった川田利明は「あれは怖かった。受け身が取りづらくて……」と、首をさすりながら振り返る。

赤のレスリングコスチュームに「N」の白の一文字。強面のゴッツイ風貌から〝赤い恐怖〟といわれたオブライト。2000年1月、母国で試合中に心臓発作を起こし急死している。

馬場さんとオブライトの練習を身近に見てきた和田京平レフェリーは「馬場さんがあれだけ親身になって、プロレスを教えた外国人選手は、彼だけだった」と証言してくれた。

若くして死亡した外国人選手というと、思い起こすことがある。1984年2月10日、東京の宿泊先、高輪東武ホテルで客死した、〝鉄の爪〟フリッツ・フォン・エリックの三男デビッド・フォン・エリック（享年25）のことだ。その日はとても寒かった。

全日本広報のコメントでは、「心臓疾患による突然死」とされたが、納得のいかないものだった。私は薬物による中毒死を疑った。それとも睡眠薬の過度の使用か。疑念が駆け巡る。

渉外担当の米沢良蔵氏や、外国人係のジョー樋口レフェリーにしつこく聞いても、「さっきの発表通りだよ。前から心臓が悪かったらしい」とイラ立ちながら答えるばかりで、私は釈然としないままだった。

急死の報告を受けているはずの馬場夫妻を探したが、事務所にも、永田町のキャピトル東急ホテルにも見当たらなかった。

デビッドの死因の核心に迫れないまま、真実は遠のいていく。ひとつのシリーズ巡業が終われば、すぐ次のシリーズの準備が始まる。選手に大きなトラブルがあっても、すぐに忘れられる。デビッドの突然死にしても、試合スケジュールの波にもまれて、忘却の彼方に消し飛んでいく。

こうして、全日本内部のトラブルや、都合の悪いことは、馬場さんのライフスタイルのように、隠蔽されたまま、見えないところへ消えていく。馬場・全日本プロレスは賢くて、ズルい。

そんな馬場さんに、一度だけ「あれはやめた方がいいよ」とイエローカードを出したことがあった。同年代として、ファン心理として、ある行為にクレームをつけたのだ。

昭和41年、1966年ごろだ。ジャイアント馬場がインターナショナルチャンピオンベルトを巻き人気絶頂の時だ。

試合地の駅頭は人、人、人の人だらけ。プロレスラー一行到着の国鉄駅前は、お祭り騒ぎだった。日本プロレスの宣伝カーがスピーカーを鳴らして街を巡回し、お祭り気分を盛り上げる。試合会場ばかりでなく、ファンは選手の宿舎にも殺到する。

久し振りの休日、馬場さんと2人で出かけて、宿に戻ってきた。見れば旅館の玄関先まで大勢のファンが集まっている。人波を掻き分けるのが大変だった。

私は209センチの陰に隠れてついて行くしかない。人波の圧力は結構怖い。馬場さんは、その人波をシー、シーとグローブのような手で振り払っている。ようやく玄関までたどり着き、自室に入って、ほっとひと息である。

「馬場ちゃん、あのシー、シーというのはよくないよ。みんな、あなた見たさに寄ってきたんだよ。犬じゃないんだから、あれはやめたほうがいい」

と、つい口から出てしまった。

ファンはジャイアント馬場をひと目見ようと押し寄せてきた。地方のお客さんのファン心理がわかるだけに、余計なお節介で注意してしまった。

馬場さんは怒らなかった。口をモグモグ……苦笑いともなんともつかぬ、珍妙な表情だった。人気の頂点に立てば、誰に対しても上からの視線になるのは仕方ない。インター王者としてジャイアント馬場に多少の驕りがあったことは否めない。

その心の隙間を突かれたのが1968年6月25日、名古屋・愛知県体育館での〝黒い魔神〟

ボボ・ブラジルとのインター王座防衛戦。ブラジルの頭突き攻撃にやられ1対2で敗れ、王座から転落した。連続防衛記録が21回でストップしている。インター王者としての気の緩みがあったことは確かだろう。

全日本の大入り袋で札幌へ

2017年夏、全日本プロレスは創立45周年を迎え、様々なイベントを行っている。その記念品として馬場さんのチャンピオンベルト姿がプリントされた黒のTシャツとスマートフォン用の革製の立派なケースを頂いた。思わぬプレゼントで、とても嬉しかった。

馬場さんのグッズで気に入って着用しているのは、空手チョップのイラスト入り「GIANT BABA MEMORIAL NIGHT」とプリントされたTシャツだ。着心地がいい。私の春、夏、秋、スリー・シーズン用シャツである。

振り返ってみれば、団体として全日本プロレスの全盛期はいつごろだったろう。興行において、それぞれのイメージが、全日本は日本武道館、新日本は両国国技館とファンに定着した90年代ごろだ、と私は思う。

全日本は三沢、川田、田上、小橋の〝四天王〟がトップ争いを繰り広げ絶好調。創立20周年の92年ごろは首都圏で100試合に及ぶ超満員札止めの記録を作っているのだ。

後楽園ホールが年間22～23試合、日本武道館が年間7試合。毎年、1月2日に行われる新年の開幕戦、後楽園大会ではお年賀を頂く。お年玉はいつになっても嬉しい。つづいて、後楽園飯店で新年のパーティー。

全日本では、興行が満員札止めになると、大入り袋（１０００円）が配られる。取材する我々も恩恵に預かるわけだ。

還暦を過ぎてもなお元気な和田京平レフェリーは「興行収益なら新日本に負けていなかったと思う。ボーナスが年5、6回出たことがあった」と述懐する。

私は、その全日本の大入り袋を使わずに2年間貯めた。かみさんも一緒だから、２人合わせるとけっこうな額だ。そのお金をベースにして、１９９３年に脳梗塞を発症してから初めて、空の旅にチャレンジすることにした。

右半身不随の体では「飛行機の移動は無理」と思っていたが、99年7月20～21の両日、新日本が「さようなら、札幌中島スポーツセンター」と銘打って興行をやると聞いて黙っていられなかった。

72年の冬季オリンピックでは、1ヶ月間、サッポロにいた。中島体育センターにはお世話になった。かみさんの助けを借り、思い切って札幌行を決めた。

そうして訪れた「札幌中島」が閉館することへの思いを、「Ｎｕｍｂｅｒ」のコラムに書いたところ、それを目にした格闘技専門局「サムライＴＶ」のディレクターから声がかかった。

局に呼ばれ、１９５０〜60年代をベースにしたアメリカの試合を放送する「プロレス名画座」の解説者に起用されることになった。

私にとって「プロレス名画座」は未知の強豪であるバディ・ロジャースやアントニオ・ロッカを映像で見られ、大変勉強になった２年間だった。

この番組に出たことで、言語障害を克服できたと思う。旅に出られる自信もつき、現場の仕事に完全復帰できた。

もとはと言えば、全日本の大入り袋から出た話である。感謝しかない。

左大腿骨骨折で引退の危機

北海道巡業といえば、ジャイアント馬場が大怪我を負ったこともあった。好事魔多し！　取材する側も大慌てだった。

１９９０年11月30日、帯広市総合体育館で行われた「世界最強タッグ決定リーグ戦」で馬場が左大腿骨を骨折し、引退も噂されるほどの危機に追い込まれたのだ。「骨折」という事故は、ジャイアント馬場のレスラー生活で初めてのことだ。この時、52歳。

全日本の巡業取材についていたのは、東京スポーツの川野辺記者だ。

東スポの12月２日付（１日発行）の紙面から抜粋すると、馬場はアンドレ・ザ・ジャイアン

ト と組み、公式リーグ戦でドリー&テリーのザ・ファンクスと激突した。11分過ぎだった。ドリーがセカンド・ロープに腰をかけたまま、馬場を両足で挟んだ体勢からリング下に転落したのだ。落ちた瞬間、馬場はピクリとも動けなくなった。

試合は11分21秒、両者リングアウトの引き分けに終ったが、この時、大変な事態が起きていた。アンドレが心配そうな顔で馬場の状態をのぞき込んでいることから、周囲は只事でないことを察知した。

床に落ちた時、ドリーのヒザが馬場の左大腿骨（つけ根）を直撃したらしい。左足が動かない状態のままの馬場は、本部席の大机を担架代わりにして控室に運び込まれた。すぐに救急車が呼ばれたが、搬送される際、馬場の209センチというビッグ・サイズがネックになった。

救急車の後ろのドアがピタッと閉まらないのだ。ストレッチャーを両手で抱えて後部のドアを押さえ、病院まで付き添ったのが仲田龍アナウンサー（故人）だった。勿論、同行していた元子夫人も馬場に付きっきりだ。

取材禁止の強い通告を受けながら粘り腰をみせたのが川野辺記者。4日付（3日発行）の東スポで馬場の直撃インタビューを試みている。

ジャイアント馬場は、帯広市内の河野外科医院（河野敏男院長）に緊急入院。左大腿骨亀裂骨折（ヒビ）で全治3ヶ月、リハビリに6ヶ月を要すと診断されている。

東スポの見出しは「ベッドで復帰宣言も年齢的に引退は決定的」となっていた。

特製のベッドに伏す馬場。東京に戻って入院したいが、左足のギプスがとれないと身動きがとれないという。

「このまま長引けば引退も」と問われた馬場は、

「気持ちの上でそんなこと（引退）を考えたこともない。いまはケガを一日でも早く治すことだけだ。リングにあがれる限り引退しない。リングにあがれない状態になったら、潔く身を引くしかないだろうな。そうならないように頑張るだけだ」と答えている。

不安ながらも覚悟は決めた。元子夫人は、馬場の左足の痛みが消えたところで、早急に帰京の準備を進める。航空会社と掛け合って「チャーター機」を使うことも考えたという。

結局、帯広→羽田の旅客機に頼ることになった。全日本本隊はシリーズの巡業中である。

ここで奮闘するのが仲田アナウンサーである。市内から帯広空港までの所要時間は約60分。あの２０９センチの巨体をストレッチャーに乗せて機内に搬入したという。大変な重労働だった。

苦労に苦労を重ねて帰京すると、馬場は羽田空港から新宿の東京医科大学病院に直行し、そのまま再入院している。

年が明けて91年1月23日、ジャイアント馬場は病院で53歳の誕生日を迎えた。そして、1月27日には、後楽園ホールに特大の１８０センチもある松葉杖で登場し、ファンに「復帰」のメッセージを伝えて新春らしい明るい話題を提供してくれた。

この間、入院中の馬場が、身悶えする姿を描写した部分が馬場元子さんの『ネェネェ馬場さん』にある。私がこの本を読んで頬が緩んだのは「ちきしょう」「こんちきしょう」とティッシュペーパーの箱やタオルを病室の壁にぶつけ、ウップン晴らしをしていたところだ。馬場さん、その気持ちは痛いほどわかる。

亀裂骨折は3月初旬には完治した。帯広の河野外科病院で全治3ヶ月と診断された通りである。以後、リハビリを始め、復帰を目指すことになった。

復帰への強い動機付けとなったのは、タッグパートナー、アンドレの急速な体力の衰えを身近で見ていたからだ。アンドレは不摂生を続け、ウェイトオーバーとなり、足腰が弱くなっていた。

「アンドレみたいになってはダメだ」とにかく歩くことを心掛けるようになった。単純で大事なリハビリである。

リハビリを続けているころ、「俺さ、7階にある事務所まで階段を登り降りしているよ」と言う。「それじゃ、自宅のマンション8階にも……」と聞くと「ウン」という返答。

「引退なんかこれっぽっちも考えなかったよ。歩くことがイチバン。なあ、モンちゃん……」私の肩をポンと叩くほど機嫌がよかった。

6月1日、日本武道館でジャイアント馬場は、元子夫人の花嫁衣装を仕立て直した豪華なガウンを着て183日ぶりにリングへ復帰した。ラッシャー木村、渕正信とタッグを組み、ブッチャー、キマラ1号、2号組を破って快勝を収め、熱狂的な歓迎を受けている。

馬場はこの時のことを「ファンは本当にありがたい。俺は本当にプロレスラーになってよかった」「生涯忘れない」と記している。

そして馬場さんが「生涯現役」の強い意気込みを示したのは、1998年1月23日、後楽園ホールで行われた還暦記念試合だった。

口の重かった馬場さん、ゆっくりとした口調は相変わらずだが、よく喋るようになった。

「本当はリングを降りるの怖いんでしょう」と問いかけてみた。

「そうかもね」とニヤリと笑った。否定しない笑顔の中に「生涯現役」の強い意志が読み取れた。

「王道」というキャッチフレーズ

ある日、キャピトル東急ホテルの「オリガミ」で食事中、馬場さんに「王道」という言葉の意味について聞いてみたことがある。

「あれは、常勝『読売巨人軍』をイメージして使っているの？」

「ウーン、俺はね、その言葉、実は自分の口からは言っていないんだよ」と笑ったままだ。

それ以上、核心に触れられないまま、「王道」の話題は途切れ、脇道にそれてしまった。

その馬場さんとの「オリガミ」でのやりとりを、両国国技館で前出の先輩、菊池さんに話してみた。

すると菊池さんは「あれ、最初に使ったのは俺だよ」と言う。

「渋谷のリキ・パレスに王冠のネオンがあっただろう。クラウンからイメージして『王道』という言葉を使ったんだよ。猪木に好き勝手にやられっ放しではたまんないもんな」

ゼスチャアたっぷりに発想のポイントを説明してくれた。

吉原功が率いる国際プロレスのブレーンだった菊池氏は、81年8月に国際プロが活動停止すると、馬場・全日本を陰から支えるようになった。野球担当のキャリアがあったことから、馬場がもっとも信頼した人物であり、その親密度には嫉妬さえ覚えたものだ。猪木嫌いとして知られた最古参の記者だった。

全日本旗揚げ以来、馬場を挑発し続けたのは、新日本の営業本部長となり、〝プロレスの仕掛け人〟といわれた新間寿。馬場への挑戦、挑発のシナリオを書いたのは彼だった。

菊池氏が放った「王道」なるスローガンは「決して守り一辺倒ではないぞ」と全日本の強い姿勢を見せたカウンター・ブローだった。

まさしく馬場vs猪木が対立した〝双頭のプロレス〟の時代が生んだ戦略用語だった。

このプロレスビジネスにおける戦略用語だった「王道」という言葉は、メディアに受けてひとり歩きを始めた。文化、芸能面でも使われたのに続き、永田町の政治の世界にも浸透していったのには驚かされた。先輩・菊池さんのアイディアと着眼点に改めて敬服する。人口に膾炙しているような、馬場・全日本がショーマン・スタイルで猪木・新日本はストロング・スタイルだ、という定義の根拠などどこにもない。ショービジネスの本場、アメリカのプロレス界には、ストロング・スタイルなる用語は存在しない。

だからといって、ライバル関係にあった新日本が全日本との違いを宣伝するのにストロング・スタイルと標榜したのは、奇策でもなんでもない。日本のマーケットにおける競争の原理からすれば当然のビジネス手法だっただろう。

いずれにしても、いつも受け身の全日本もやられっぱなしではいなかった。「王道」なるキャッチフレーズで猪木・新日本に一矢報いたことになる。

馬場さんは、力道山・百田家にその由来があると知ってか知らずか、「王道」という言葉の響きがことのほか好きだった。

「俺のところこそがまっとうなプロレスなんだよ」と、いつも泰然自若たる姿勢で見守っていたのである。

ジャイアント馬場とアントニオ猪木は、仲が悪いというのは単なる通説だ。団体同士の喧嘩、抗争はあっても、個人的に見るとニュアンスが違ってくる。

私は対極にある2人をリアルタイムで見てきた。2人が面と向かって喧嘩した場面は一度も目撃していない。会えば、自然に「馬場さん」「おう、寛至」という感じなのだ。

馬場と猪木は、1960年9月30日、同期で同日にプロ・デビュー、馬場は猪木の五つ年上。この年齢による距離感が兄貴と弟のような関係を生んでいる。

猪木が初のアメリカ武者修行に出る際、馬場はオフクロに作ってもらったオーバーコートをプレゼントしている。

そして、ロサンゼルスでは、猪木に「これ取っておけよ」と、馬場はドル紙幣を餞別として手渡している。力道山道場で育った同士、気心は知れている。

新日本と全日本の興行合戦の真っ只中、新間さんが、馬場のことをけちょんけちょんにけなした時があった。

「なあー、新間、そんなに馬場さんを悪くいうなよ。むかし、お世話になったんだから」と猪木がたしなめた、という話が伝わってきている。

馬場と猪木の関係には、肌と肌を接触してきたプロレスラー同士にしかわからぬ絆のような結びつきがあるのではなかろうか。2人の関係を忖度するのは難しい。

第六章

強き妻・馬場元子さん

ジャイアント馬場を語る上で、夫人の馬場元子さん（旧姓・伊藤）を忘れるわけにはいかない。

「ウチの母ちゃん強いからなあ！」

馬場さんは時折り、こんなジョークとも本音とも取れる口ぶりで語っていた。

元子さんは、自分の夫を「馬場さん」と呼ぶ。いつ何時でも「さん」付けなのだ。１９４０年、昭和15年生まれ。馬場さんより二つ年下だった。

「尊敬できる人だし、強い人だから……」と、元子さんは語っていた。

元子さんとの最後の会話

２０１７年1月、東京・渋谷区恵比寿にある元子さんの自宅マンションで「喜寿を祝う会」が開かれている。その賑やかな席で彼女は「あと2年ね。馬場さんが亡くなって20年でしょう。

何か記念イベントを考えています」と洩らしたのだ。いいじゃないですか。

そんな会話のタイミングをとらえて、「元子さん、もうすぐ80歳でしょう。私は『16文キック伝説　ジャイアント馬場』という本を企画しているのですが、ＯＫしてくれますか」と問い掛けてみた。

「だけど、出版社はどこなの？」

「文藝春秋ですよ」

「いいわよ」のひと言。

元子さんの内諾を得て、これで馬場さんの本が書ける、とホロ酔い気分。赤ワインがしびれるほど旨かった。

まさか、あれが元子さんとの最後の会話になるとは、思いもよらなかった。

異変を感じたのは、元子さんが亡くなる1ヶ月前のことだ。

私は懇意にしている神奈川・湯河原の店からミカンを送った。

すると数日後、郵便局からの電話。

「馬場さんのお宅、2度も不在でした。お届け物どうしましょうか、湯河原局に戻しますか、あるいは送り主様が受け取られますか」という問い合わせである。「エッ！」

一瞬、ノドがつまり、「長く放置できないものですから、私の家に送り届けて下さい」と慌てて返答するしかなかった。

元子さんが食するはずであったミカンを困惑しながら自分で口にすることになった。甘酸っぱいとはこういうことなのか……。

元子さんが体調を崩している予感はあった。彼女は入院しているのか、それとも実家の明石に帰っているのか……。様々な思いが駆け巡って1ヶ月が過ぎた。

悲報を知ったのは、4月23日の古巣・東京スポーツだった。フロントページにはジャイアント馬場と元子さんのありし日の笑顔があった……。

楽しみにしていた「ジャイアント馬場没20年追善興行」では、自ら企画、プロデュースを務め、出場する選手まで構想を描いていたはずだ。それが突然、他界とは！　残念だったろう。

２０１８年4月14日、肝硬変で亡くなった馬場元子さん。78歳だった。

腰が抜けたような衝撃だった。元子さんは馬場さんのもとへ行ってしまったのか……。むなしかった。

元子さんは、自宅での「喜寿を祝う会」以後、肝臓の状態が悪化した。6月に都内の病院に入院し、多少は回復したものの、病状は一進一退を繰り返した。定期的に腹水を抜く処置と投薬を続けていた。

4月13日夜は、いつも通り笑顔で夕食をとったが、14日になって容体が急変。同日午後9時9分に息を引き取った、という。

4月19日に親族のみで通夜、20日に告別式が営まれた。戒名は「顕徳院法栄妙元清大姉《けいとくいんほうえいみょうげんしょうたいし》」。

元子さんの死去が発表されたのは22日のことだ。

そして、元子さんの四十九日法要に合わせ、納骨式が6月3日、兵庫県明石市の本松寺で執り行われている。

ジャイアント馬場が亡くなったのは1999年1月31日。〝東洋の巨人〟の遺骨は、元子さんの自宅に保管されていた。

馬場さんの遺骨は、没後19年を経て元子さんと一緒の墓に納められた。その馬場さんの遺骨を納めたのは、全日本プロレスの和田京平名誉レフェリーだった。

馬場さんの付き人でもあった和田レフェリーは、「明石大橋が見えるいいところですよ。ファンの人がお参りできる場所ができた。本当によかった……」と語る。

この馬場夫妻納骨式に合わせ、追悼メッセージを寄せてきたのは、かつてのライバルで元PWF会長のスタン・ハンセンだった。

２０１８年6月5日付の東京スポーツから引用。

〈ミスター・ババが亡くなってもう19年もたってしまったのか。そしてミセス・ババが亡くなった、とはいまだに信じられない。最愛の人がそばにいない時間を１人で長く過ごした末、天に召されてしまうなんて…。改めて心から哀悼の意を表したい。

日本のプロレス界にミスター・ババが築き上げた時代が、これでひとつの終わりを迎える。それはとても寂しいことだ。私は彼と長い間、ビジネスを続け信頼関係を築き上げてきた。当時は本当に珍しいことだったが、ミセス・ババは女性ながらレスラーに意見を述べ、会社の重責を担った。もちろん私に意見はなかったけどね（笑い）。夫婦間の信頼は絶対的だった。しかしミスター・ババが亡くなってからは、つらい状況のほうが多かったと思う。

外国人選手の風習を理解してくれる優しい女性だった。毎年、感謝祭（11月第4木曜）はいつも最強タッグと重なって、家族と祝うことができなかった。米国人はこれがつらくてね。あれは1990年代前半のツアーだったかな。関西から九州へ向かうフェリーの上で、ミセス・ババは東京のホテルから七面鳥の丸焼きを取り寄せ、パーティーを開いてくれた。外国人は5～6チーム参戦していたから10人か12人、全員大喜びだ。我々は米国に残した家族のことを思い出しながら、海の上で夢のような最高のディナーをいただいたよ。

悲しいがこれで2人はようやく同じ場所で一緒になれる。新たな肉体を手に入れたようなものかもしれない。天国では二度と離ればなれになることはないのだから、安心してずっと寄り添い合ってほしいと心から願う。安らかに――。（スタン・ハンセン）〉

6月の空はどんよりと曇っていた。雲の切れ目から日焼けした2人の笑顔がポカーンと浮かんでは消えた。愛していたハワイの地から、「大好きな夏がきたよ！」というメッセージは届いただろうか。元子さんも「雲上の人」になったのか。現実を素直に受け止めると、肩から力が抜け、私はただ、雲の流れを追っていた。

元子さんは、還暦を過ぎてから2度、脳梗塞を発症している。幸い、2度とも言語障害や麻痺など重い後遺症は残らなかった。

私は55歳の時、脳梗塞で倒れ、右半身不随というダメージを受けた。ありがたくないことに脳障害の先輩である。

彼女が脳梗塞を患ったことで互いに電話の頻度が多くなった。体調管理が共通の話題で、血圧の数値、塩分の摂取制限、食事の内容など意見と情報を交換しているうちに、日常生活における愚痴まで飛び出してくる。

「わたし、ドクターと喧嘩しちゃったの……。嫌なものは嫌なの……」

「それはよくないよ。医者の指示には素直に従うもんだよ」

電話口でこんなやり取りをした。これが彼女の個性、持ち味なんだ。なかばあきれ、納得して笑うこともあった。

「主治医と喧嘩してもつまんないよ。なんのプラスにもならないから……。馬場さんだって、『医者の言うことは聞け！』という筈だよ」という内容のＬｏｖｅ Ｌｅｔｔｅｒを2度ほど送ったことがあった。

馬場さんのお骨を19年余り、懐に抱き続けた元子さんは、一途で頑固、かなり我儘。それでいて非常に目配り、気配りの利く人だった。

例年、10月下旬には馬場さんのふるさと新潟から「こしひかり」がドカーンと届く。3月には元子さんの実家・明石から春の便りのように「くぎ煮」（小女子）が届いていた。

もう、あのお米と小魚の美味を口にできなくなると思うと、切なくも寂しい。

昭和プロレスの本当の終焉

元子さんの四十九日法要と馬場さんの納骨を終えて1ヶ月後の2018年7月18日、ザ・キャピトルホテル東急で馬場元子さんの「お別れ会」と「馬場さん&元子さん〝永遠の再会〟」という二つの名称を冠した花いっぱいのトロピカルなムードの会が行われた。

ハワイアンムードで一杯の会には、ジャイアント馬場夫妻にゆかりの全日本プロレスのOBたちが揃い、日本プロレスでも活躍していたザ・グレート・カブキ（高千穂明久）、百田光雄、故ジャンボ鶴田と全日本の屋台骨を支えた天龍源一郎、全日本の再建に尽くした川田利明、渕正信、付き人として馬場さんに可愛がられた小橋建太、そして、元文部科学大臣の馳浩も駆けつけ、かつての仲間や戦友と語らい明るく楽しいノスタルジックな会であった。

巡業旅の仲間であったムース（小鹿）、高千穂（カブキ）、光《ミツ》ちゃん（百田）、トクさん（徳光和夫アナウンサー）と談笑していると懐かしい顔が浮かんでくる。

思い出したのは、日本プロレス時代、ジャイアント馬場の身の回りの世話をした駒ちゃん（マシオ駒）、クマさん（大熊元司）のことである。

マシオ駒（駒厚秀）は馬場の付き人第1号選手。1976年3月10日、腎不全で死去。享年

35。

駒の後輩にあたる付き人第2号選手・大熊元司は、1992年12月27日、急性腎不全で死去、享年51。いずれも現役のバリバリだった。

また、大型選手で、早くから次世代のエース候補と期待された付き人第3号選手、轡田友継（サムソン・クツワダ）は、2004年10月12日、急性骨髄性白血病で死去。享年57。みんな私より年下だ。

日プロ時代、馬場の最後の付き人は佐藤昭雄。馬場さん宅に居候、いわば内弟子のような選手で、ジャイアント馬場が独立し、全日本プロレスを旗揚げした時のメンバーである。後に活字メディアが馬場ファミリーと称した面々である。

前記の3人は鬼籍に入り、健在なのは米国・ミズーリ州カンサスシティ在住の佐藤昭雄だけである。彼は元女子プロレスラー、ベティ・ニコライさんと結婚したことで知られる。ＷＷＦ（現在のＷＷＥ）の極東マネージャーとして日本マットとの交流に貢献した。

この会の日は、平成30年という時間軸が消えてなくなり、「昭和」という私にとって眩しかった時代だけが透けて見えた気がした。

馬場元子さんが他界し、ジャイアント馬場没20年追善興行が交錯したこの時にこそ、昭和プロレスが本当の終焉を迎えたのだと感じたのは、私だけだっただろうか。

馬場さんと元子さんの結婚秘話

２０２０年３月、新型コロナ禍のなか、「Ｎｕｍｂｅｒ」誌が創刊１０００号を迎えた。同誌の執筆者としてはこんなに嬉しいことはない。私にとっては切っても切れない縁である。実は、私と文藝春秋の接点は、ほかならぬジャイアント馬場夫妻の結婚秘話の記事がきっかけだった。

馬場さんと元子さんとの結婚には、いろいろな紆余曲折があった。

馬場正平と元子さんがハワイのカハラ・ヒルトンホテルで結婚式を挙げたのは、71年9月のことだ。

入籍も済ませたが、結婚を公表したのはそれから11年を経た82年7月7日のことだった。発表の記者会見の時、元子さんの姓は「河合」になっていた。元子さんの母親が馬場との結婚に猛反対したため、河合家の養子という形で発表されたのである。

こうしたジャイアント馬場と元子さんの関係を語ったことが縁で、文藝春秋との長いお付き合いが始まることとなった。「Ｎｕｍｂｅｒ」１４７号（86年5月20日号）〝スポーツ報道大研究〟特集で、〝これが我社の名物記者〟という記事に取り上げて頂いたからだ。あれから35年である。馬場さんより長い付き合いとなった。

馬場さんと元子さんの出会いは、元子さんの著書『ネェネェ馬場さん』（講談社）に描かれている。

元子さんの実家は兵庫県明石市。父親伊藤悌《やすし》さんは、読売巨人軍の後援者であったことから、巨人軍の選手を自宅に招き入れていた。

馬場は入団2年目、人気の千葉茂二塁手に連れられて伊藤邸を訪れている。馬場の足のサイズに合うスリッパなどない。ところが、次に訪れたら馬場の足に合う特大のスリッパがおかれていた。用意してくれたのは、中学3年生の元子さんだった。馬場はそれが嬉しくてボロボロになるまで履いていた。

馬場がスリッパのお礼に、元子さん宛ての手紙を書いたのが、「二人の恋」の始まりだった。ジャイアント馬場に「彼女がいる！」と、目ざとい週刊誌が「馬場婚約」のスクープを狙って水面下で動き出した。71年、アントニオ猪木と女優・倍賞美津子の婚約報道で沸いたころのことだ。

特に女性週刊誌の取材は、粘っこくしつこかった。

巡業での休日、青森の浅虫温泉だった。私は馬場さんの部屋で話し込んでいた。旅館の階下で話し声がする。女中さんが慌てて2階に上がってきた。「週刊誌の方が馬場さんに取材でお会いしたい」といっているらしい。

「馬場さんは、いまトレーニングから戻ってきたばかりで、横になっているから……」といったん断りを入れた。

しかし、そんなことで週刊誌記者が引き下がるわけがない。今度は女中さんが記者の名刺を持ってきた。

「頼むよ、モンちゃん。プロレスの試合以外のことは東京の事務所を通して聞いてくれって、断わってよ」

と、馬場さんは言うが、私と似たような歳格好の記者が2階に上がってきそうな気配なのだ。私は慌てて、一人で玄関に降りた。

記者は顔を合わせるなり、「米沢さんですか」と訊くので、思わず「ハイ」と返事してしまった。「米沢さん」とは日本プロレスの渉外広報で、馬場の私設秘書のような役回りを務めた米沢良蔵さん（後の全日本プロレス渉外担当取締役）のことだ。

「馬場さんの婚約者は、この人ですよね」

ギョッとした。相手は元子さんのオサゲ髪の写真を用意していた。

「さあー、よくわかりませんね」

トボケてみたものの、相手は引き下がらない。玄関で押し問答の末、どうにかこうにか、週刊誌記者の襲撃をかわしたのだった。ほうほうの体で、馬場さんの部屋へ戻る。

「モンちゃん、悪かったな……」

「それより、馬場ちゃん、観念したほうがいいよ。向こうは元子さんの写真を用意してたんだよ。もう、公表する時期じゃないの……」

「ウーン、だけどもさー」

グローブのような手をオデコに当てたまま口をモグモグさせ、押し黙ってしまった。

この「ジャイアント馬場、結婚！」というスクープ記事は報知新聞の須藤記者がすでに原稿を書き上げ、いつでも出稿できるスタンバイの状態だったという。

私も浅虫温泉での出来事をデスクに報告した。

「報知はやる姿勢でいますよ、ウチはどこよりも先にやるべきですよ」と強く念を押した。

だが、山田デスクの答えは「馬場と日プロがうんと言わないとダメだ」の一点張り。ついにスクープすることはできなかった。

時を経て、82年7月7日、七夕の日に、東京ヒルトンホテルで馬場が元子夫人との結婚を公表した。

その囲み取材の折り、馬場が「みんなが知っていたことなのに、書かないでいてくれたことには感謝しているよ」と語り、番記者たちは報われた思いがした。

馬場はハワイにマンションを購入したころ、元子夫人と「38歳で引退する」と約束していた。それとともに、パリ・モンパルナスで好きな絵を描きたい、という夢もあった。

しかし、2人の願いは、馬場の独立、全日本プロレス設立という想定外の出来事によって露と消えた。

年を追うごとに、猪木の新日本との興行戦が激化していったが、逆にそれがジャイアント馬場を奮い立たせるエネルギーとなっていた。

のちに馬場は、「経営者的な才能は、私より元子の方が上かもしれない」と述べている点が実に興味深い。

馬場よりふたつ年下の元子夫人は、明石でも有数の資産家の生まれ。なに不自由なく育ち、神戸の女子短大を出たあと、プロレスラー馬場との結婚を母親に反対され、家出同然で米国を転戦中の馬場のフトコロに飛び込んだ。行動力があり、好き嫌いをハッキリ言える闊達な女性だった。

割り切るのも早い性格で、その決断力が慎重居士であるジャイアント馬場のピンチを何度も救っている。プロレス経営者の手本ともいえる。

会社のデスクで背中合わせの席の野球評論家、千葉茂（元巨人二軍監督）は、私のことを「プロレスの人」と呼んだ。

イタリアの高級靴、アルマーニのカカトをつぶして履き、ピーター・フォーク演じる刑事コロンボのようなよれよれのコート姿。馬場夫妻の出会いのきっかけを作った「変なオジさん」が、「プロレスの人、元子はね、本当はガンコと呼ぶんだよ」とポツリと語りかけてきたことがあった。

的を射たジョークに、私は思わず噴き出してしまった。

「本当のボスは元子だよ」

日本プロレスのころは、陰の存在であった元子さん。

しかし、1972年9月、馬場が新団体設立を発表し、10月には全日本プロレスの旗揚げ、と急展開を見せるなかで、元子さんは人気プロレスラーの妻というだけでなく、社長夫人という立場になった。

不思議なもので71年11月2日、アントニオ猪木と倍賞美津子の東京・新宿の京王プラザホテルでの結婚披露宴以降、ジャイアント馬場に恋人がいるという〝婚約報道〟騒ぎは霧散するように消えてしまう。

前述の「馬場さんと元子さんの結婚秘話」で取りあげたエピソード以外、2人のこれといった艶っぽい話はなくなった。

そこにはプロレス業界の分裂騒ぎという時代背景があったからだ。

71年12月、日本プロレスは「会社乗っ取りを画策した」と称し、アントニオ猪木の除名を発表した。その猪木は猛反発し、新団体設立に動き、72年1月、「新日本プロレス」設立を発表して、日本プロレスに大きな亀裂が走った。

そして馬場が同年7月、日本プロレスに辞表を提出し、9月には新団体「全日本プロレス」設立を発表とショッキングな事件が相次いだからだ。日本、国際、新日本、全日本の4団体の戦国時代を迎えることになる。

また、ジャイアント馬場を取り囲む鉄壁の防御網もあった。日本プロレス、全日本プロレスの2団体を通し、馬場の秘書の役割を果たした渉外担当の米沢良蔵氏の存在も大きかった。彼は馬場のプライベート情報を徹底管理し、不利なことは決して発信しなかった。

元子さんの身辺を守ったのは、馬場の付き人、マシオ駒（駒夏秀）とクマさんこと大熊元司だった。お忍びで試合会場に足を運んだ元子さんを徹底ガードし、馬場と元子さんの密会の場所は、目配り、気配りに神経をとがらせていたのだ。

ある意味、2人は馬場と元子さんのメッセンジャーボーイでもあり、最強の付き人だったのだ。

元子さんは、馬場さん没後も、「本当にいろいろ助けてもらったよ。駒さん、クマさんは特別な人でした」と2人の献身的な働きに感謝していた。

馬場さんの新団体設立に際し、元子さんは実家からの援助を取り付け、資金面でかなりバックアップした。

「ウチのかあちゃん、いざとなったら強いからね」

馬場さんの言葉が、重く響く。

プロレス専門誌「Gスピリッツ」48号（2018年8月発行）の特集「馬場夫妻と全日本プロレス」のなかで最後の付き人だった佐藤昭雄氏のインタビュー記事が面白かった。

〈元子さんが高校生の時に、経営者だった話聞いたことある？　元子さんは〝私、高校の時にガソリンスタンドを経営したの〟と言うんだよ。元子の父さんは石油販売会社を経営していたらしいんだ。それで〝ウチの父が事業のひとつとしてガソリンスタンドを持っていたけど、２人いたマネージャーの１人が辞めて、手放さなきゃいけないことになった時に、私にやらせてくださいと言ったら、父が経験のためにやってみるかとガソリンスタンドを私にくれたのよ……〟〉

我々も初耳、佐藤氏も「随分とスケールの大きな話をしているな……」と感じたという。

彼女は朝、学校に行く前にガソリンスタンドに寄って打ち合わせしたり、前の日の残りの決済をしたり、帰りに寄って帳簿をチェックしたりする日常だったらしい。

短い期間だったにしろ、普通の女子高校生には考えられぬ大人の実社会を見てきているわけだ。佐藤氏の証言でわかるように、元子さんは、経営者としての「センス」を持ち合わせていた。

全日本旗揚げ以後、周囲から「社長夫人」、外国人レスラーから「ミセス・ババ」と呼ばれるようになった元子さんが、裏方の責任者、選手のお目付役として、シリーズ巡業に同行するようになったのは、旗揚げ2年目の１９７３年4月、「第2回チャンピオン・カーニバル」のころからだ。総てが初めての経験であり、恐らく無我夢中の日々だったろうと思う。

巡業に同行するだけでなく、全日本プロレスのソフト部門「ジャイアント・サービス株式会社」の責任者として東京・六本木の会社に足を運んだ。グッズ商品の販売、パンフレットの手配ばかりでなく、会場の設営や整備に落ち度はないか、あらゆる面に目を光らせていた。

馬場さんにはない、女性ならではの目配り、気配りである。若い選手の服装の乱れや日常のマナーに対して注意もしていた。逆にこれが、社長夫人のパワーハラスメントと受け取られた点はあっただろう。

全日本プロレスは決して一枚岩の集団ではなかった。元子さんの言動は一部の選手の反発を招いた。日本プロレス崩壊後に合流した〝外様〟の選手グループにとっては「口うるさい女」にしか映らなかった（ザ・グレート・カブキの証言）。ジャイアント馬場のことは認めていても、〝アンチ元子派〟というグループもあったのだ。

元子さんは、広報の窓口としてメディアの対応でも先頭に立った。テレビ、新聞、雑誌の記者を全日本派、新日本派と選別し、会場の玄関口でチェックするのだから、取材する側にとっては厄介である。

ある日の後楽園ホール大会に、東京スポーツの後輩で新日本担当の記者が入り口に来た。すると、元子さんは「あら、あなたが来るところじゃないでしょう」と嫌みを口にするのだ。

「元子さんやめてよ、ウチの人間にまで……」と、見かねた私がクレームをつけた。

すると彼女はプイと横を向いてしまうのである。取材では随分手こずったものである。

夫・ジャイアント馬場の楯となり、全日本プロレスを守り続けた姿は、安倍晋三政権における菅義偉官房長官のようだった。反対勢力にとってはまさにヒールで、憎たらしい女、目障りな〝女帝〟としか受け取られなかった。

折りから、吉原功の国際、猪木・坂口の新日本と全日本の3団体鼎立時代である。73年から80年代にかけプロレスがもっとも加熱した時だ。

この馬場元子さんの実像を端的に表してくれたのが、アブドーラ・ザ・ブッチャーのコメントだった。

「Gスピリッツ」52号（2019年8月発行）、特集「全日本プロレス　スーパーレジェンド列伝」のなかのインタビューだ。

〈彼女は真のボスだった。馬場は静かに葉巻を吸っている男だったが、元子は絶対に引き下がらないタイプで、馬場の代りにすべてキッチリこなす人間だった。だから、本当のボスは元子だよ……〉

このぶれない性格と頑固さが、選手との確執を招く。

ジャイアント馬場没後、オーナーは元子さんだったが、2000年6月13日、二代目社長の三沢光晴をはじめ、百田光雄、田上明、小橋健太といった選手、スタッフが大量退団して亀裂は表面化した。そして全日本が真っ二つに割れる分裂騒動につながることになる。

ニューリーダーの三沢は、ガンコで意地張り。性格的に元子さんと似た者同士とも言える。馬場さんは、生前、この2人はいずれ衝突すると感じていたフシがある。

その悪い予感は、見事に的中してしまった。

１９９９年５月２日、東京ドームでジャイアント馬場引退興行が開催された。その直後の７日、全日本プロレスは、三沢光晴が社長、百田光雄、川田利明の２人が副社長に就任する馬場の後継新体制を発表し、再スタートを切った。

オーナーである馬場元子は、いわば後見役となった。

三沢と元子夫人の対立が表面化するのは、２０００年1月31日、東京・後楽園ホールで行われたジャイアント馬場一周忌追悼興行後のことだった。

新社長のポストに就いたものの、自分の目指すプロレス経営ができない三沢はイラ立ち、関連会社も含めて経理の不透明さに疑念を抱き、オーナーの元子夫人に対し、はっきり答えるよう求めている。

しばらく様子を見て、三沢に実権を譲るつもりだった元子夫人と意見が嚙み合う筈がない。三沢は一周忌興行後の早春、馬場元子・全日本との訣別を強く決意したといわれる。三沢には、心を同じくする仲間がいて、「時間がない」という焦りがあった。

ここで大きな役回りを演じるのは、馬場夫妻の側近だった、仲田龍リングアナウンサーだ。彼は「馬場さんは馬場さん」「元子さんは元子さん」とはっきり割り切って区別する考えの持ち主だった。彼は、元子さんにつかず、全日本退団を決断し、三沢のブレーンとして新団体設立に動くのだ。

生前、ジャイアント馬場に「元子のこと、頼むな……」と念を押されていた和田京平レフェリーも、人柄が明るく、三沢、小橋ら選手からの信望が厚かった。当然、三沢らの独立の動きを知っていた。しかし、「元子さんを守る」姿勢はぶれることはなかった。

馬場一家の「助さん、格さん」といわれた和田・仲田の名物コンビは、袂を分かち、それぞれの道を歩むことになる。

２０００年6月30日、全日本プロレスの役員会で三沢光晴、百田光雄、田上明、小橋健太らが取締役を辞任、全日本退団という思い切った行動を取る。

三沢らの退団理由は、「会社に口を出すなら馬場元子さんが社長をやってほしい。関連会社の経営実態を明らかにしてほしい。以前から提出していたこれらの事項について、満足のいく回答は得られなかった」というもので、第三者から見ても、当然の成り行きに映ったのだ。

私なりの見方をすれば、元子さんにはこんな意識が強く働いていたと思う。

「全日本プロレスはみんなのものですが、ジャイアント・サービスなど関連会社は、馬場さんというキャラクターと存在があったからなのよ」――。

別れるべくして別れた三沢と元子さんの関係といえる。

結局、全日本に踏みとどまったのは、川田とベテランの渕正信、レフェリーの和田京平など、オーナー、馬場元子の側近、数人のスタッフだけだった。

三沢光晴は6月16日、東京・ディファ有明で「プロレスリング・ノア」設立の記者会見を行なっている。レスラー総勢23人。レフェリーのマイティ井上も加わっている。

後は、全日本のマットを退いていたジョー樋口（樋口寛治）がノアで復帰し、ＧＨＣタイトル管理委員長としてキャリアを生かすこととなる。

全日本プロレスの再始動は、８月２日のディファ有明だった。オーナー馬場元子の「馬場さんの灯りは消さない」という強い意志のもと、旗揚げのような気迫で出直しの大会に臨んだ。

メインは、川田利明と渕正信のシングル戦だった。

第七章
いまは、懐かしい人たち

切っても切れぬ縁とでも言うのでしょうか。私の長いキャリアの中で、〝黒い呪術師〟アブドーラ・ザ・ブッチャーと過ごした日々の記憶はいまも鮮明だ。

ブッチャーと馬場さんと私

２０１２年1月2日、３日の東京・後楽園ホールでの正月興行にブッチャーが、電動の歩行器姿で現れた。しかし、２日に空手のデモンストレーションを披露したものの、３日はサイン会のみで体調不良を理由にそのまま帰国し、予定していた引退記念興行が中止となってしまったことがある。

そのブッチャーが、２０１９年2月19日、東京・両国国技館で開催された「ジャイアント馬場没20年追善興行」に米ジョージア州アトランタから遠路駆けつけたのだ。

7年ぶりの飛来によって、この大会の裏メインとして〝黒い呪術師〟引退セレモニーが組み込まれたのである。日本のファンに「両親を大事にしろ」と、ブッチャーらしい最後の挨拶を行っている。

アトランタからブッチャーに付き添ってきたのは後輩で白人の元プロレスラー、ジョー・ディートンだった。

このブッチャー来日のタイミングをとらえて、3月26日、NHK-BSプレミアムで放送された「アナザーストーリーズ　運命の分岐点」は、ブッチャーを取り上げている。

この時、私は1時間強のインタビューのほか、横浜文化体育館で2回ほど取材を受けた。

さらに、思い出の秘蔵写真として、私を真ん中に挟み馬場さん、ブッチャーと3人が並ぶ船旅のスナップ写真を持参して協力した。

これは全日本の草創期、チャンピオン・カーニバルが始まったころに撮影したものだ。四国の巡業旅に向かう途中、いまは懐かしい宇高連絡船上の甲板で、離れた場所にいた馬場さんとブッチャーを、私が手招きして東スポのカメラマンに撮って貰ったお宝写真である。

この時、馬場さんに「なあ、これ絶対、誰にも見せるなよ。他人さまが見たら、どう思う?」と厳命された門外不出のワンショットだ。これをテレビに持ち出すのは、かなり勇気が必要だった。

連日、流血戦を繰り広げていた対戦相手同士が仲良くカメラに収まっている。プロレスの手の内をバラすようなものだ。

宇高連絡船上での、ブッチャー、著者、馬場。門外不出のワンショット。

取材依頼を受けた際、これをテレビで使うべきか、使わざるべきか、ふた晩考えた。引退したプロレスラー2人と、ドクトル・ルチャこと清水勉氏（元「週刊ゴング」編集長）に相談してみた。

電話口から帰ってきた答えは、いずれも「もう、そんな時代じゃないですよ、大丈夫。反感買うことなんかないから……」というものだった。

私は、「馬場さん、約束破ってごめんなさい」とつぶやいた。

この番組の中で、ブッチャーは育った環境や母親のことなど包み隠すことなく喋っていたが、黒人への差別に関する質問には「ノーコメント……」と一切答えようとしなかった。その表情の硬さに、アメリカが抱える人種問題の深刻さが読みとれた。

レスリングのテクニックがなかったことから凶器を使い、空手のパフォーマンスでようやく生きる道を開いた〝黒い呪術師〟。

流血戦の代償が凄い。額に無数のミミズがのたくっているような深い傷あと。その傷は力道山時代に大活躍し、「血はリングに咲く花」とウソぶきながら、巨万の富を残した〝日系の流血王〟グレート東郷の姿と重なる。

ブッチャーは、日本のマーケットで目いっぱい暴れまくり、想像を絶するジャパニーズ・マネーを手にしている。

アメリカのプロレス生活が長かったザ・グレート・カブキは「あんなファイトを南部のマットでやっていたら、たちまちブチ殺されるよ。日本のお客さんがおとなしいからできた仕事だ」と解説してくれた。

ブッチャーは、日本で稼いだファイト・マネーでアトランタ市郊外に豪邸を構え、引退後の生活のために「ステーキ・ハウス」をオープンしている。

ブッチャーに「テレビの仕事で2度ほどアトランタに行ったことがある」と喋ったら、「それじゃ、次はウチのステーキ・ハウスに来てくれ、バーボンをいくら飲んでもいいぞ……」と言う。

「ブッチ、今からそれは、ちょっと無理だ」

立ち話で笑って別れたのもいい思い出だ。

振り返ってみれば、1970年8月21日、日本プロレスに初参戦した時から2019年2月の「ジャイアント馬場没20年追善興行」における〝黒い呪術師〟引退セレモニーまで半世紀に及ぶ付き合いだった。馬場さんとの付き合いよりも長い。

壮絶なマッチを繰り広げたブッチャーは、2019年に引退。
（撮影・原悦生）

キャリアの中でこれほど長い歳月、密着取材を続けたプロレスラーはほかにいない。最高のキャラクターを持ち、魅力的だった。黒人プロレスラー、アブドーラ・ザ・ブッチャーと付き合ったことによって、多民族国家アメリカの暗部と底知れぬパワーを垣間見たような気がする。

ちょっとヘンな外国人レスラーたち

ジャイアント馬場と戦った外国人レスラーは、名だたる強豪ばかりではない。

忘れがたい〝珍獣〟たちを紹介しよう。イタリア出身のバロン・ガトニとカナダのマンマウンテン・カノンン。２人は決して名選手といわれるレスラーではない。

ガトニは、65年の第7回Wリーグ戦で初来日。バロン（男爵）などと呼ばれるのにはほど遠い毛むくじゃらの男。１８５センチ、１４７キロの丸々とした巨体。ところが、歌を歌わせたらホセ・カレーラス、ルチアーノ・パヴァロッティ、プラシド・ドミンゴの3大テノールに比肩するかと思わせるほどの美声。イタリア民謡のカンツォーネを歌わせたら天下一品で、外国人のボス格である〝銀髪鬼〟フレッド・ブラッシーが「『サンタルチア』をもう一度歌ってくれ！」と言うほどの惚れ込みようだった。人は見かけによらぬもの、の好見本だった。

マンマウンテン・カノンンは試合中に泣き出すことから、またの名をクライベービー・カノンン。１７５センチの身長ながら１４０キロ。べんべんたる太鼓腹なのだ。66年と68年など、数度にわたって来日している。

ある地方での試合、馬場とのシングル戦だった。馬場がカノンをロープに振った。はね返るところに逆水平打ちの構えを見せるが、その瞬間、カノンが「ストップ！」と言って両手を上げ動きを止めた。

その時、沖識名レフェリーが笑いをこらえられず、口を押さえながらリングにしゃがみ込んでしまった。馬場は振り上げたチョップの持って行く先に困ってオロオロするばかり。

観客は何が起こったのかわからずポカン、である。カノンは左の手のひらに自分のオチンチンの絵を描いていて、馬場にその手をかざし、「ストップ！」をかけたのである。その笑える裏技を知らなかったのが、レフェリーの沖さんだったのである。

カノンの「オチンチン」の絵は実に上手だった。

このカノンは引退後、マネージャーに転向し、米国武者修業中の坂口征二のマネージャーとともに、五大湖周辺を一緒にサーキットしたことで知られる。

私がこのカノンと特急の食堂車に乗っていた時のことだ。スープがこない、と言って顔をクシャクシャにして泣くのである。その演技のうまいこと。ウェイトレス嬢の固まる表情を楽しんでいた。茶目っ気たっぷりの親しみやすい好人物だった。

逆に私が同じくらいの体格だったら「この野郎、ぶっ飛ばしてやる」と思ったほど腹が立った奴がいる。

65年、70年と日本プロレスに2度来日したペッパー・マーチンという男だ。中肉中背の技巧派の白人レスラーである。

白人としての優越感だっただろうか、観客席に向かって「イエロー・ジャップ！」とツバを吐くのだ。ブーイングに対してのパフォーマンスだと理解していても、インタビュー中にもジャップの連発なのだ。本当にムカつく野郎だった。このペッパー・マーチン、映画俳優に転身し、ハリウッド映画「イージー・ライダー」に出演した。オートバイに乗って、準主役の活躍ぶりを見せ、我々をエッ、と驚かせたものだ。

逸見政孝アナウンサーと禁煙

仕事としてのプロレスから解き放たれたのは86年3月、東スポを退社してからだ。「呪縛」という言葉の重みを初めて理解できた。

仕事としてプロレスと向き合うのは、けっこうな重荷だった。好きで飛び込んだ世界ではないから、常にプロレスに対し一定の距離を置き、熱くならず客観的に眺めてきたからここまで長くやれたと思っている。肩肘をゆるめ、プロレスを楽しく観戦できるようになったのは、1990年にフリーランスという立場になってからだ。

プロレスラーの性格はファイトに現われる。彼らの喜怒哀楽を観察していると、それぞれの人間像が透けて見えてくる。プロレスを通じた人間観察の旅はやめられない。

私もそうだが、記者仲間は、ジャイアント馬場の居場所を確かめる際、「いまアポーウはどこにいるだろう」などと会話を交わす。

その「アポーウ」がもっともゆったりとし、ほのぼのとくつろいだ表情になるのは、好きなドラマ「水戸黄門」シリーズを見ている時と、煙草をふかしている時だろう。

馬場さんが吸うのは、日本プロレス時代は体のサイズに合わぬショートホープだった。馬なみの肺活量を誇る〝東洋の巨人〟だから2、3回ふかしただけで吸い切ってしまう。ショートホープを手にしている時の佇いは、妙におかしかった。

後年、ジャイアント馬場のトレードマークとなったのは、葉巻である。どこの会場へ行っても、葉巻の香りが漂ってくるので、居場所がすぐにわかる。リングでは16文キック、私生活では葉巻が代名詞となった。葉巻は、力道山に感化されたものだが、覚えたのは米国武者修行の時だ。

日プロの絶頂期は、貫禄をつけるためか、キューバ産の高級品、1本8000円の「ダビドフ」を吸っていたが、その後は1本10ドル前後の「REAS」がお気に入りの銘柄となり、1日10本以上吸っていたという。

ただ、この「REAS」という銘柄の葉巻はカナダ以外ではなかなか手に入らず、来日するレスラーに買ってきて貰っていたという。

この葉巻にまつわるエピソードも数々ある。たとえばこんな話が最高傑作だろう。

時は日プロ時代。後楽園ボウリング場がビルの2階にあったころだ。そのボウリング場には喫茶室があった。記者が何人もいるなか、馬場さんは例によってかなりの時間、ぷかりぷかりやっていた。

そこに突然、警報機のベルが鳴り出した。店員はあわてて、「どこだどこだ」。しばらく沈黙の時を経て、「これ、馬場さんの葉巻が原因じゃないの？」と、誰かが馬場の葉巻に疑惑の目を向けた。

「まさか、オレが？」

ゆったり、腰を浮かせた馬場さん。おもむろに葉巻の火をもみ消すと、警報器のベルも静かになったのである。

喫茶室にどのくらい長くいたのか忘れてしまったが、私は現場にいたのだからフィクションではない。本当の話である。

その葉巻党の馬場さん、93年9月ごろを境にキャピトル東急ホテルからプレゼントされた「G・BABA」ネーム入りのマッチに火をつけることがなくなった。

テレビ番組で共演し、親しくなったアナウンサーの逸見政孝氏が胃がんを公表し、治療のため入院したからだ。それ以来、煙草断ちしたのである。

その逸見氏は、がんを公表してから3ヶ月後、93年12月25日、スキルス性胃がんで亡くなっている。享年48。

そして残された晴恵夫人も、94年6月に見つかった子宮頸がんから骨髄異形成症候群となり、長い闘病生活の末、２０１０年10月21日、肺胞タンパク症で亡くなっている。夫婦が揃ってがんで亡くなるとは、なんとも切ない。長男・太郎、長女・愛、２人の遺児がいた筈である。

私は、脳梗塞で倒れ入院したが、転院先の横浜市総合リハビリテーションセンターの病床で逸見アナウンサーが胃がんを公表したことを知った。

彼とは、後楽園ホール6階の記者室が初対面だった。私がまだボクシング担当のころだ。

「これからボクシングを担当いたします、フジテレビの逸見と申します。よろしくお願い致します」

ツメ襟から抜け出たばかりのような黒いメガネの好青年だ。悪い印象はない。みんなに好かれるタイプである。

口うるさいボクシング評論家の平沢雪村氏が「トボケた感じの新人だな、大丈夫かな……」とつぶやいたが、ほかの担当の記者たちは、挨拶して退室する新人アナウンサーを好感を持って見送った。

その逸見アナウンサー、スポーツ担当から畑違いのバラエティー番組に転じて本領を発揮した。局の看板アナウンサーとしてスポットを浴びることになる。彼の担当番組を見る度に、後楽園ホール記者室で「よろしくお願い致します」と頭を下げていた情景を思い出したものだ。

煙草をやめて、よかった

病院生活での禁煙は、喫煙者にとって大きな苦痛、というより地獄だろう。

私は3度ばかり入退院を繰り返した。93年の脳梗塞のあと、胃潰瘍から胃がん（全摘出）、急性胆嚢炎（胆嚢摘出）と2度手術を受け、痛い経験をした。

入院のたびに思うのは「煙草を早くやめていてよかった」ということである。喫煙がやめられない入院患者の姿は哀れである。病院内は全館禁煙だから、隠れるスペースはトイレくらいしかない。点滴のチューブを引きずりながら、あるいは足にでっかいギプスをつけた患者たちが、隠れて吸ったところで煙と匂いは消せない。周囲にはバレバレだ。小柄な看護師さんに叱られている姿は、滑稽である。下手な漫才を見るより面白かった。

私はちょうど20歳から吸い始めたが、40歳でピタリとやめた。その間は、缶入りピース（50本）を持ち歩くヘビースモーカーだった。

毎朝、歯を磨くたびに「ゲー、ゲー」と吐き気がこみ上げるようなイヤな状態になる。ある日、これでは体が持つわけがないと、危機感を覚えた。きついがやめるしかない。煙草の幻覚からほんとうに解放されたのは、煙草断ちしてから3年が過ぎてからだ。

あるガイジン・レスラーからきついお叱りを受けたことも理由のひとつだ。

東京中日スポーツのコラム「昭和プロレス絵巻」でも書いたことがあるが（2014年8月2日付）、ワルドー・フォン・エリック（本名ウォルター・ジーバー）から説教されたのだ。

ワルドーはドイツ系カナダ人で私より3つ年上。〝鉄の爪〟フリッツ・フォン・エリックの弟という触れ込みだが、あくまでもプロレスにおける〝兄弟関係〟である。

1976年6月、全日本プロレスのサムソン・クツワダがオーストラリアに遠征した時、ヒールのトップとしてクツワダとコンビを組んでいたのがワルドーだった。

期待株、クツワダの活躍ぶりを伝えるために特派されたのが私だった。シドニー、メルボルン、キャンベラなど東海岸をサーキット。10日間ほどの豪州マット取材だったが、貴重な体験をさせて貰った。

そのワルドーが2年後、全日本に初参戦した。4度目の来日だったが、試合のない休日、オーストラリアでお世話になったお礼に彼を築地の寿司屋さんに招待した。

乾杯するや否や、ワルドーはいきなりグラスをテーブルに置き、怒り出した。

「まだ、煙草をやめていないじゃないか」と言うのである。通訳代りの山田隆記者（日本テレビの解説者）を挟んで、喫煙の害はああだ、こうだ、とお説教である。

ワルドーは、そばにあったチリ紙をパイプ状に丸め、そのなかに煙草をふかしてみせた。

「ホラ、見ろ、こんなに黒いヤニが出るじゃないか。体にいいわけないだろう」

山田デスクもかなり吸う。2人で顔を見合わせて、いたたまれない気持ちにさせられた。

オーストラリアでの取材の機会がなかったら、禁煙のきっかけをつかめなかっただろう。私には最高の土産となった。

そのワルドー・フォン・エリックは、2009年、肝臓がんで亡くなった。75歳だった。無念でならない。合掌。

私は、煙草断ちに成功したことで、4年間つけていた「禁煙日記」を取りやめ、物忘れ防止のために「3食日記」にスイッチした。3食日記は前日の味噌汁の具までつけている。お蔭で二つの日記は、本書の執筆に大いに役立った。

小池百合子女史が突然、「私、元子さんのいとこなの」

私は2009年1月、がんのため胃の全摘出手術を受け、21日間の入院生活を経験している。その病床で防衛大臣を辞任したばかりの小池百合子さんが著わした『女子の本懐』(文春新書)に触れた。

小池さんの名前は次第に大きくなっていき、東京都知事として活躍する昨今では〝女帝〟なる異名が飛び交っている。

そして驚くべきことに、プロレス界の〝女帝〟と揶揄された馬場元子さんと親戚関係にあるという。

私が東京スポーツ在籍中のことだ。小池さんが竹村健一氏（故人）の経済番組のアシスタントキャスターとして顔を売り出し始めたころ、彼女と会食する機会があった。

実は、その時、私は東京スポーツを辞める決意を固めていた。

フリーランスの物書きとしてやっていけるのか。税務処理をどうすればいいのか。小池さんにアドバイスを求めたことがあった。

築地にほど近い、銀座キャピタルホテルのなかの寿司店でのカウンター・ランチだった。

彼女曰く「税金の申告なんて簡単よ。なんでも領収書をしっかりとっておくことよ」。

それ以来、彼女のアドバイスを念頭におきながら、毎年、確定申告の春を迎えている。

その席で小池さんが「私ね、馬場元子さんのいとこなの……」とポツリと言う。

ビックリして、飲みかけたお茶を噴き出しそうになった。

彼女は「どうですか、元子さんの評判？」と意味深なことを言う。

「よく言う人、悪く思う人、半々かなあ」

「そうでしょうね。小さいころ、遊び仲間のお姉ちゃんのような人だったんです」と含み笑いで会話が途切れてしまった。

元子さんと小池さんの親戚関係は、正確に言うと、元子さんと小池さんの親が「またいとこ」同士にあたるようだ。

元子さんの祖父と小池さんの曾祖母がきょうだいであったらしい。

小池さんは、元子さんの葬儀の際には、公務のため、弔電だけを送ってきた。

私が小池さんと出会ったのは、テレビ東京の「世界のプロレス」で解説の仕事をやっていた関係からだ。

社の上司から東京スポーツに新しくマネー面（経済）をスタートさせるから、いい書き手がいないか、と相談を受けた。

その話をテレビ東京の担当プロデューサー、槙尾義孝氏（故人）に振ってみた。

「いるよ、ウチに小池百合子というキャスターがいる。頭が切れるから、彼女なら書けるだろう。相談してみるから……」

槙尾プロデューサー経由で紹介され、マネー面のデスクとともに、銀座のホテルで面談をした。編集局長の了解を取って小池百合子さんは東スポの執筆者として登場したのである。

あれから何年経過しただろうか。小池さんは自民党の中枢にまで登り詰めていた。環境大臣としてグリーンピース運動のキャンペーンに取り組んでいるころにその姿を見かけたことがある。

２００２年６月、総合格闘技イベント「ＰＲＩＤＥ21」がさいたまスーパーアリーナで行われた。高山善廣とドン・フライが猛烈な打撃戦を繰り広げた。

会場にいた私は、小池百合子女史がリング上で挨拶しているのに気がついた。グリーンピース運動の啓蒙のためだったのだろう。私はすぐに控え室に会いに行こうと思ったが、長い階段を降りなければならない。右半身不随の不自由な体では階下の会場フロアまで辿り着けなかった。結局、その時も再会できないままに終わった。

以後、小池百合子女史は、東京都知事にまで、またまたステップアップ。私には遠い人になった。背伸びしすぎて大怪我しなければいいが……と、メディアの報道を追いながら見守っている。

私は神奈川県民だが、小池さんの主張する電柱の地下ケーブル化の公約には大賛成。体調管理を第一に、この難局を乗り切って下さい。

「美しい花」李香蘭と大原麗子

長いキャリアのなかで魅力的な女性との出会いもあった。

まずは、戦中と戦後、太平洋戦争を挟んで咲いた大輪、李香蘭こと山口淑子（大鷹淑子）。1970年代の前半、東京スポーツには光り輝く女性を扱った「WOMAN　LOVE」という、昨今でいうところのエンターテインメント色の強いページがあった。編集局内で選抜された記者がリレー式で執筆する連載企画である。

「わたしは過去のない女。でも、わたしには歴史があるわ」

山口さんから、「李香蘭」の名を紙面に出してはダメ、と念を押されてからインタビューは始まった。強烈なインパクトだった。ご主人が外務省勤務で、立場上、踏み込まれたくない部分があったのだろう。

しかし、質問には、明快に、歯切れよく答えてくれた。時代感覚の鋭い女《ひと》だった。〝東洋の真珠〟と言われた女優は瞳がキラキラ、美を放射する魔女のようだった。

そして昭和を飾った可憐な花、大原麗子さんともお会いしたことがある。

「大原麗子って言われてても、よくわかんないんだよなあ」

東京・河田町はフジテレビの玄関ロビーのソファ。門外漢がひとりごとをつぶやいていると、

「それ、わたしのこと？」と声がする。

彼女は私のすぐ後ろに座っていたのだ。振り向くと、互いにオデコとオデコがぶつかりそうになり、笑いながらインタビューはスタートした。

瞳がよく動く活発な女性だ。この人がＮＥＴテレビ「人生劇場　瓢吉の青春」のお袖役の女優か。とてもきれいだ。

そんな彼女は山本周五郎の作品が好きだと言う。読んでいるうちに涙ぐむこともあると言う。情感豊かな女《ひと》だ。当時、１５７センチ、38キロ。なんと華奢なことか。減量と戦っていたフライ級のファイティング原田より当然軽い。

名刺一枚で素敵な女性たちに会えた。いい時間をいただいた。彼女たちにも、東スポにも「ありがとう」である。

ザ・デストロイヤーの義理と人情

私にとって、〝白覆面の魔王〟ザ・デストロイヤーは特別な人だった。

２０１９年2月19日のジャイアント馬場没20年追善興行から9ヶ月を経て、11月15日、東京・大田区総合体育館で行われたのが、この年の3月7日に亡くなったザ・デストロイヤー（享年88）の追善興行「ザ・デストロイヤー　メモリアル・ナイト」だった。

１９６３年5月、伝家の宝刀「足4の字固め」という必殺技をひっさげ、WWA世界ヘビー級王者として日本に初上陸した〝白覆面の魔王〟ザ・デストロイヤー。力道山との死闘で64パーセントという驚異的な視聴率を叩き出して以来、カラー放送に移行したばかりのテレビ番組を色彩豊かに飾った昭和のレジェンドだ。

64年の東京オリンピックの前にタイミングよく現れた〝インテリジェント・センセーショナル〟ザ・デストロイヤー。外国人レスラーはヒールというイメージを払拭し、馬場・全日本では日本陣営に加担するという見事な変わり身を見せた頭脳派ぶり。日本テレビのバラエティー番組「うわさのチャンネル」に出演して人気を博した。１９９３年7月29日、日本武道館で引退セレモニーを行っている。

デストロイヤーは引退後も日米の架け橋となってNPO法人「フィギュアフォークラブ（F

ＦＣ）」を設立。東京・町田市の木口道場（木口宣昭会長）のもとで日米少年親善レスリング大会を開催するなど青少年の育成、国際交流に情熱を注いだことは忘れられない。

デストロイヤー追悼試合のプロデュースは和田京平レフェリー。参加した選手は総勢64人にのぼり、会場のキャパシティーは違うものの、馬場さんの没20年追善興行に迫る規模のプロレス・フェスティバルであった。

追善セレモニーには「うわさのチャンネル」で共演した和田アキ子、せんだみつおが登場。そして、徳光和夫アナウンサーが涙ながらの弔辞を捧げてくれた。

父・デストロイヤーの遺影を抱く、長男カート・ベイヤーさんは元プロレスラー。デストロイヤー夫人のウィルマー・ベイヤーさん、長女モナ・クリスさんのご家族は11月3日にハワイ・ワイキキビーチで散骨の儀式を終えてから来日していた。

日本語の堪能なカートさんは「本当に素晴らしいイベントだった。お父さん、日本が好きだった。お父さんの友だちばかりで、お父さんもハッピーだったと思う。とてもいい1日だった」と大会を振り返った。

そして大会会場に大田区総合体育館を選定したことについては、「力道山の眠っている池上本門寺が近いから……」と泣かせるセリフを口にした。

デストロイヤーは、日本でビッグマネーを稼げて、有名になったのは力道山のお陰……という恩義を終生忘れなかった。

そういえば、あるパーティーの席上、私がアサヒスーパードライを飲んでいると「モン、ダメ。リキドーザン、キリンビール……」とダミ声で叱られたことがあった。

ドイツ人気質の〝白覆面の魔王〟は、日本ならではの義理人情やマナーを自然に身につけて

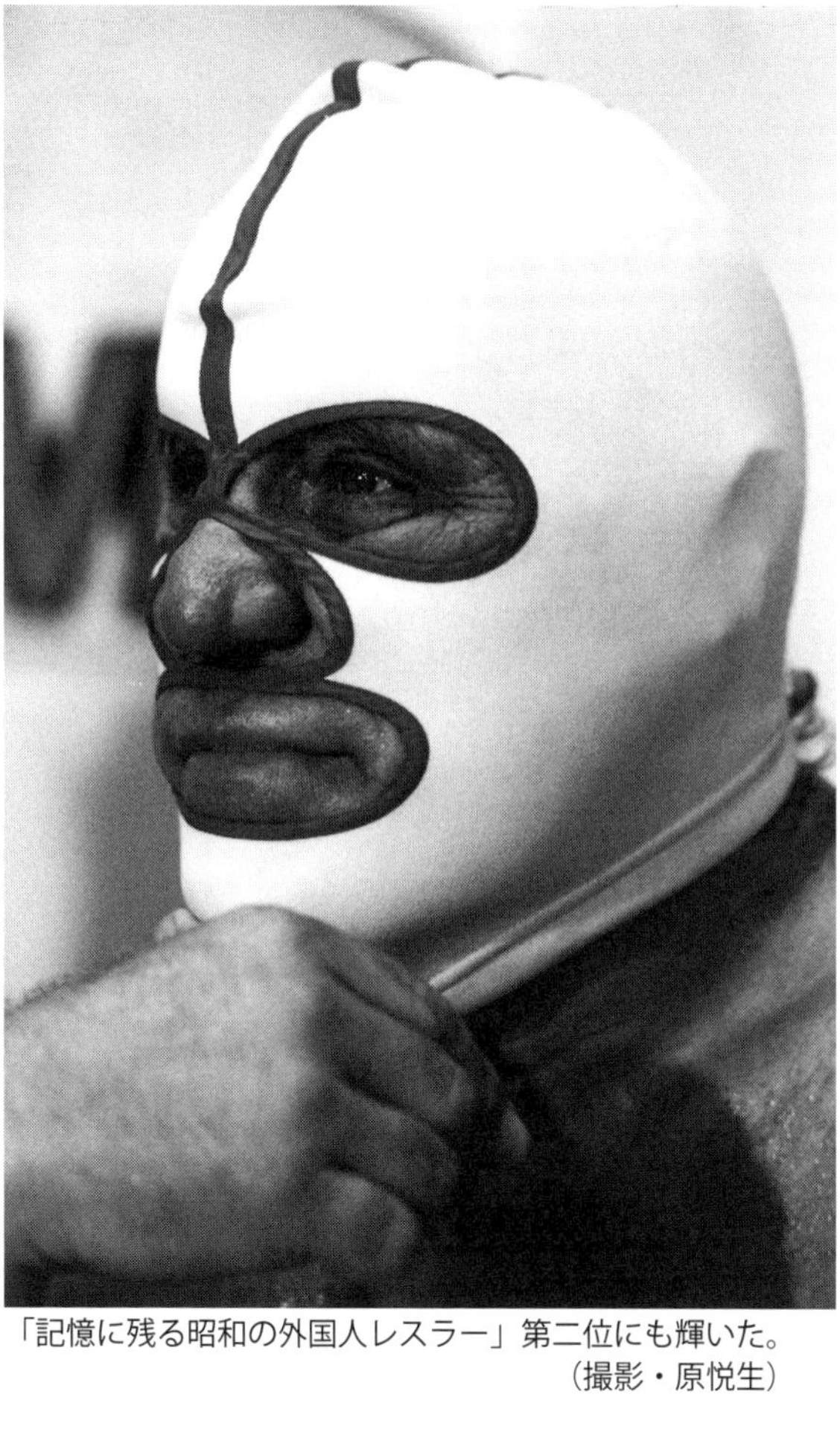

「記憶に残る昭和の外国人レスラー」第二位にも輝いた。
（撮影・原悦生）

いた。力道山からジャイアント馬場へ至るラインとの関係はブレることはなかった。

デストロイヤーは「うわさのチャンネル」に出演していた人気絶頂のころ、新日本プロレスから高額のファイトマネーを条件に出場依頼のオファーを受けている。

これを「ダブルクロス（裏切り）は嫌いだ」と拒否し、馬場・全日本一筋を貫いた。馬場さんが亡くなってからも、2代目オーナー元子さんに対する忠誠心は変わることがなかった。

デストロイヤーは、半世紀に及ぶ日本人との交流や、日本文化について語った、『マスクを脱いだデストロイヤー』という自伝を2005年2月、ベースボール・マガジン社から刊行している。

私もこの本の執筆に協力し、感謝の思いを込めた小文を寄稿した。

〈デストロイヤーのお父さん、ゴメインナサイ。大事な引退セレモニーに顔を出せず、すみませんでした。私は93年7月25日、日本武道館でのデストロイヤー引退記念試合の時、脳梗塞に倒れ、リハビリの病床にあった。

（中略）リングネームはとても新鮮で刺激的だった。39年間に及ぶ選手生活に対し今、改めて「ご苦労様」と言いたい。

デストロイヤーとの付き合いは古い。プロレス担当になって2年目の春、65年のこと。日本プロレス「ゴールデン・シリーズ」の巡業についた。ビリー・レッド・ライオン、ドン・マッキャン、スウィート・ダディ・シキらが一緒だった。

怖い白覆面の〝魔王〟からプロレス流運動法を伝授された。忘れもしない長野県松本市郊外の美ヶ原温泉ホテルだ。柔軟体操に始まって腕立て伏せからヒンズースクワット（ヒザの屈伸運動）、さらに首を強くする運動とありとあらゆるトレーニングを課してくる。これもプロレスの取材のため、と懸命に汗を流した。

デストロイヤーは、

「ハイ、モン、エクササイズ」

と翌日も鋭い目でトレーニングを強要してくる。

逃げるわけにはいかなかった。笑うと横っ腹が痛む。笑うに笑えない。腹筋運動のやり過ぎだ。

もう限界だった。4日目の長野県飯田市でついにダウン。楽しみにしていた天竜峡の船下りを断念してしまった。筋肉がパンパンに張って、階段の昇り降りもままならなかった。

デストのお父さん、その時の格好が面白かったと、いまでも会うたびに首の運動のゼスチャアをする。

こうした取材の延長線上、デストロイヤーの健康法をまとめた本を、東京スポーツから出版することになった。それを当時担当したのは、同期入社でひとつ年上の飯山和雄さん（後に全日本プロレスの広報）だった。

67年と言えばデストロイヤー人気絶頂期である。忙しい巡業の合間に我々の仕事によく協力してくれたものだ。誠実な人柄が伝わってきた。

仕事を通して我々との信頼関係はますます固く結びついた。デストロイヤーが日本のファンに愛され、支持されたのは、その気取らぬ誠実な人柄にあったと思う。プロレスの楽しさを教えてもらった。どうもありがとう。〈門馬忠雄〉

文中に出てくる元東京スポーツの担当記者・飯山さんも11月15日、ザ・デストロイヤー追悼興行の会場に顔を見せてくれた。真面目で飾らぬ人柄の彼もまたデストロイヤー一家と強い信頼関係にあったひとりなのだ。

このザ・デストロイヤーのメモリアル・ナイトのセレモニーに立ち会いたかったのは、ほかならぬ馬場元子さんだったろうと思う。

そして、私の東京スポーツ時代の最高の取材パートナーだったカメラマン、鈴木皓三氏（後の総務局長）は２０１９年10月、血液の病気で亡くなった。私より４つ年下の78歳だった。札幌市内の「山一旅館」で約束の時間を守らなかったジャイアント馬場の布団をはがし「馬場さん、起きてよ！」と脅しをかけた名物カメラマンだった。いなくなってみると、とても寂しい。

その鈴木氏を偲ぶお別れ会が催されたのは、ザ・デストロイヤー・メモリアルナイトの２日後の11月17日のことだった。なんとこのお別れ会にデストロイヤーの長男カート・ベイヤーさんがマネージャーの東田時雄氏と一緒に顔を出してくれたのだ。ビックリである。

お店の場所は、団塊の世代以上のプロレス関係者ならご存知、新宿区西落合のレストラン「香港」。

オーナー・シェフの高梨正信さんは、渋谷のリキ・スポーツパレスにあった「リキ・レストラン」の2代目料理長。力道山や児玉誉士夫（日本プロレス協会会長）も食したであろう濃厚なソースは、独特な美味で胃腑を十分満たしてくれる。

ヒゲに白いものが交じったカートさんも還暦が近い。190センチの長身で、体重は140キロだという。デストのお父さんをしのぐ巨体なのだ。

「もう少しウェートを落としたら……」と声をかけても、大丈夫とウインクするばかりだ。しかし、まさかザ・デストロイヤー親子二代にわたって酒を酌み交わすとは思ってもみなかった。

これも長いキャリアのなせるワザかなと頬を緩めて席を立った。

横浜文化体育館の名場面

この日の帰路は、JR中野駅から中央線の快速で東京駅へ向かった。東海道線に乗り換え、私の自宅の最寄りの大船駅を目指す。ネオン揺らめくその車中、横浜駅を通り過ぎた折り、ふと頭をよぎったのは横浜文化体育館が閉館になるという情報である。

浜っ子に「ブンタイ」と親しまれた横浜のスポーツの殿堂だ。1962年（昭和37年）5月に開館し、力道山が最後に出場した第4回ワールド・リーグ戦が柿落としだった。京浜地区最古の名物体育館なのだ。

私自身、64年の東京オリンピックでの男子バレーボールの取材から始まり、ボクシング、プロレスの取材を通じ、修練の場として利用させてもらった。なくなると聞いて、たいへんな寂しさを覚える。

横浜文体でのプロレスの名場面は数え切れない。思い浮かぶのは前記したペドロ・モラレス、ハーリー・レイス、そしてザ・デストロイヤーの勇姿が脳裏に去来する。不思議と平成マットで活躍した選手は思い浮かばない。まぶしかった昭和の強者達の顔ばかりなのだ。

横浜文体で馬場さんと交わした会話が甦ってくる。三沢光晴、川田利明、田上明、小橋健太が台頭し、四天王時代と呼ばれ始めたころのことだ。

「馬場さん、そろそろ小橋をチャンピオンにしてみれば？　あなたはちょうど27歳のころ、インター王者じゃないですか。いまがいい時期だ、と思うんだけど……」

越権行為の注文をつけたことがあった。

「なあモンちゃん、物には順序っていうものがあるんだよ。よく眺めてみろよ……」

馬場さんは、「アポーウ」と煙に巻くと、天井を仰いでしまい、話が途切れた記憶がある。

結局、小橋が田上を破って三冠ヘビー級王者になったのは、１９９６年7月、29歳になっていた。２０００年8月、三沢が率いる「プロレスリング・ノア」に移ったときにはもう、ヒザがガタガタだった。

ジャイアント馬場がプロレスビジネスにおいて大事にしたのは「信用」と「信頼」。これを全日本の経営理念とし、ルールと秩序を守った。

また、「興行においてはシングルばかり優先しては駄目だ。タッグマッチも大事にしないと……」と、シングル、タッグマッチのプロレス両輪論を強く説いたのが印象に残る。チームプレーがベースのプロ野球での経験を生かしたバランス感覚で団体を運営し、堅実な安全運転を心掛けたプロモーターだった。

その好例がシングルの最強を決める〝春の本場所〟チャンピオン・カーニバルと、年末恒例の世界最強タッグ決定リーグ戦を両立させたことだ。

しかし本人は「臨機応変」という四字熟語を口にしながら、無謀な冒険はせず、大きな変化を好まなかった。見方によっては時代遅れの団体に映ったことは否めない。性格は用心深く、臆病だった。これが全日本プロレスの経営にプラスにもマイナスにも作用したのである。

みんな、いなくなっていく……

馬場元子さんが亡くなって早いもので3年になる。私もようやく、その死を受け止められるようになってきた。

2018年からの2年という短い期間に、馬場・全日本を盛り立ててくれた功績者が相次いで亡くなっている。

設立時、ジャイアント馬場を懸命にバックアップしてくれたブルーノ・サンマルチノが2018年4月18日、ペンシルバニア州ピッツバーグで亡くなった。82歳だった。元子さんが亡くなった4日後である。

〃人間発電所〃の異名で活躍したサンマルチノ。昭和のプロレス史を飾った馬場の最高のライバルだ。全日本一筋を貫き、1999年5月2日、東京ドームにおける「ジャイアント馬場引退記念試合」が最後の来日となった。忘れがたい強豪だった。

その年の10月8日には、親方を務めたあと、全日本プロレスのリングにもあがった元横綱・輪島大士（享年70）が下咽頭がんと肺がんを患って亡くなっている。

同年10月13日には〃モルモンの暗殺者〃ドン・レオ・ジョナサン（享年87）が腎不全で亡くなっている。ジョナサンは、「こいつは強い」と力道山を震え上がらせ、馬場を苦しめた実力者だ。198センチの巨体ながら動きが俊敏で、国際プロレスにも参戦した。私の大好きなレスラーだった。

同年12月5日、イギリスのダイナマイト・キッド（本名トーマス・ビリントン）が介護施設で衰弱死したという悲しいニュースを聞いた。60歳だった。薬物使用の副作用で選手生命を縮めたばかりか、その生まで全うできなかった。

19年に入って2月12日、馬場さんにドロップキックの秘訣を伝授した〝ラテンの魔豹〟ペドロ・モラレス（享年76）が死去。長い間、パーキンソン病を患っており、残念な最期だった。元気だったら、馬場没20年追善興行に顔を出していた筈である。

そしてサンマルチノと同様に、ジャイアント馬場と関係の深かったアメリカン・プロレスの象徴、ハーリー・レイス（享年76）が同年8月1日、肺がんの合併症で亡くなっている。レイスは、猪木・新日本に見向きもせず、全日本一筋だった。外国人レスラーたちに睨みを利かせ、馬場夫妻を徹底的にガードした愛すべき用心棒だった。ヘビースモーカーで酒にも強かった。

レイスは、カーニバル・レスラー出身の叩き上げ。ＮＷＡの総本山セントルイス育ちで、ＮＷＡの最高権力者サム・マソニック会長に可愛がられ、テキサス州アマリロのプロモーター、ドリー・ファンク・シニアや、後にＮＷＡ会長になるフロリダ州タンパのエディー・グラハムのもとで修行を積んだ。ＮＷＡの世界ヘビー級王者として全米マーケットの中心にいた超大物だ。

その実力と人脈は、対抗勢力の東部をマーケットとするＷＷＦにも及び、プロレス業界における裏のボスのような存在だった。

馬場とレイスは、太平洋を股にかけた義兄弟のようなものだった。のんびりゆったりの兄・馬場、やんちゃな弟・レイス。２人の結びつきは濃密だった。

ＴＯＫＹＯミッドナイト、全日本の事務所に近い六本木界隈で、２人はこともあろうに飲み比べをした。両者ともにへべれけ。歩けなくなったレイスを、見かねた元子さんが階段でオンブをしたとかしないとか、吹き出すようなエピソードまである。

大の親日家だったレイスだが、日本式の旅館は苦手だった。布団を嫌って部屋にハンモックを吊ってもらい、そこで寝たという話もある。日本におけるＮＷＡ世界戦の最多記録もさることながら、八方破れの言動で記憶に残るグレート・レジェンドだった。

１４０キロの巨体で全日本マットで大暴れした〝皇帝戦士〟ビッグバン・ベイダーは２０１８年６月18日、肺炎で亡くなっている。本名、レオン・ホワイト。63歳だった。

ベイダーが全日本に乗り込んできたのは、馬場さんが亡くなった直後の１９９９年、チャンピオン・カーニバルでのことだった。４月16日、日本武道館における決勝戦で小橋健太を破って初優勝を遂げ、圧倒的な存在感をみせた。

同年10月30日、日本武道館で三沢光晴を12分12秒で破り、第24代三冠ヘビー級王者となり、タイトル戦史にその名を刻む。

私の脳裏には、90年６月12日、スタン・ハンセンが８年５ヶ月ぶりに新日本に乗り込み、福岡国際センターでベイダーの持つＩＷＧＰヘビー級王座に挑戦した試合が「これこそスーパーヘビー級の戦い……」として鮮烈に甦ってくる。

ハンセンが場外でカウベルをブン回し、これがベイダーの顔面を直撃する。血染めの大乱闘を展開するが、22分11秒、両者反則という結果に終った。どちらも一歩も引かず、互いのキャリアとプライドがぶつかり合ったビッグマッチとして忘れ難い。

　これだけの怪豪、人気選手たちがわずか2年の短いスパンで相次いで永眠している。いずれも全日本プロレスの草創期、全盛期をド派手に暴れまくった懐かしのレスラーたちだ。いなくなるとやはり寂しい。

　昭和プロレス絵巻のインパクトは、それだけ鮮烈だった。

「ブラック・ロッキード」で一悶着

　プロレスは時代の波に翻弄されやすい。まさか、我が身にもその波が及ぶとは、思ってもみなかった出来事がある。

　1976年の初夏、田中角栄元首相が逮捕されたいわゆるロッキード事件が起きた。汚職事件の黒幕と目された児玉誉士夫は、当時、東京スポーツのオーナーであった。

　そんななか、76年7月2日に開幕した国際プロレス「ビッグサマー・シリーズ」に、忽然と「ブラック・ロッキード」というリングネームの覆面レスラーが現れたのだ。

　私は名目上はまだ、国際プロレスの担当だった。モントリオール・オリンピックの取材に出発する直前のことである。

とつぜん、社長室に呼ばれると、井上博社長が国際プロレスの発表資料を前に、「この『ブラック・ロッキード』というレスラーはなんだ？　一体どういうことだ。モンマ君、説明しろ！」と迫ってきた。

こちらは何も言えない。「説明しろ！」と言われても、答えようがなかった。

「国際の事務所に行って来い。東京スポーツは、『ブラック・ロッキード』という名前を一切載せないからな。抹殺して来い！」と厳命された。

国際プロの事務所がある高田馬場に向かった。吉原功社長は知らぬ存ぜぬの表情を続けるのであった。

国際プロのスタッフは、門前払いのようなものである。泣きたくなった。

新日本が国際のエース小林を引き抜き、74年3月19日、日本人対決となったアントニオ猪木vsストロング小林のNWF世界ヘビー級決戦（新日本主催、蔵前国技館）の際の恨みを忘れていなかったのだろう。

国際プロレスは、新日本に対し契約違反だ、と法的手段に訴えようとしたが、東京スポーツにとっては、部数獲得のビッグチャンスだ。この一戦を成立させるために動いた。仲介案として、小林を東スポの専属選手とし、国際に約1000万円を支払うという形で決着をみたのだ。

国際プロは、この経緯に、不満だったと思う。

日本人同士の大物対決で、猪木の軍門に下ったフリーの小林は、その後、新日本入りするが、ヒザを痛めて引退した。小林は「新日本入り」について本心を明かすような発言はひと言も残していない。

モントリオール・オリンピックから帰国後、東スポをめくってみたが「ブラック・ロッキード」なるレスラーの名は、ほんとうに一度も載っていなかった。そのマスクマンの正体は、レーン・シェリーという白人のしょっぱいレスラーだった。

私にとっては、身の縮む想いをさせられたロッキード事件だったが、この会社とはいずれ訣別しなければならないと決意した、運命の分岐点となる出来事だったのだ。

七転び八起きが人生訓だった吉原さんの正直な人柄が、私は好きだった。しかし、彼の東スポ憎しの根っこは深かった。

吉原社長と東京スポーツいじめを画策した菊池さんとは、晩年になってから両国国技館の喫茶室で昔話に花を咲かせたことがある。『ブラック・ロッキード』事件の時、モンちゃんの困った顔、面白かったなあー」と、思い出し笑いをしていた。

この先輩、いまさら何を言い出すんだ、人が悪い。あんなに恨めしい想いをさせられたことはない。

こんな菊池さんから、いいセリフを叩き込まれた。

「俺たちの商売は、ゴチ酒はダメよ、酒は自分の金で飲め！」というものである。

人気選手と接することの多いスポーツ記者が、活字メディアに生きるための基本の姿勢である。取材対象とは距離を保ち、癒着するな、と肝に銘じて仕事をしてきたつもりである。

第八章 さようなら、馬場さん

現役を貫いた鉄人、ジャイアント馬場が生涯最後の試合に出場したのは、１９９８年12月5日の日本武道館だった。ラッシャー木村、百田光雄とトリオを組み、淵正信、永源遙、菊池毅組と対戦した6人タッグマッチ。国内通算５７５８戦目だった。現役を貫いた馬場さんらしい凄い記録である。

馬場夫妻は、1年間の最後の試合が終ると、ハワイに出かけるのが慣例だった。武道館の試合が終わって数分後、控え室の通路でいつものように雑談をした。

「いつハワイへ行くんですか」

「ウーン、病院の検査があるので、その結果が出たら、すぐ行くよ」

その時、馬場さんの短パンから薄いグリーンのシュガーカットの小さな袋がこぼれ落ちた。

「これ、ちょうだい。舐めてみたいから……」と私。

「いいよ。いくらでもあるから……」

まさか、このなにげない会話が馬場さんとの別れになるとは、想像だにしなかったことだ。

馬場さんが元子さんに「体の調子がおかしいんだ」と不調を訴えたのは、武道館大会の1週間ほど前だったという。事態は急展開し、ハワイ行など吹っ飛ぶ最悪の状態となった。

12月7日、新宿の東京医科大学病院での馬場さんの精密検査の結果は深刻なものだった。がんが進行し、手の施しようがないほどの病状だったのである。

元子さんは、主治医に「上行結腸がんが肝臓に転移している」と告げられ、茫然となった。

元子さんは、がんであることを悟られぬような素振りを続け、神経をとがらす日々だった。馬場さんは腸閉塞と思い込んで入院していたのである。

我々が「ジャイアント馬場、腸閉塞で緊急入院」という全日本の発表を耳にしたのは、暮れも押し迫ったころだった。

元子さんは、がんであることを徹底して伏せ、馬場さんの心情を汲んで正月を恵比寿の自宅マンションで迎えることにした。そして、1999年1月4日に馬場さんを再入院させる処置を取った。側近の仲田龍アナウンサー、和田京平レフェリーが見舞いに来ても、がんのことは隠し通したのである。

1月23日、馬場さんは61歳の誕生日を病院のベッドで迎えた。それから病状が悪化し、1月31日午後4時4分、ジャイアント馬場は天に召された。私がその事実を知ったのは、2月1日の夕刻のことだった。

密葬は2月2日、恵比寿の自宅マンションで営まれた。

馬場正平の戒名は「顕峰院法正日剛大居士」である。

翌朝、あわただしくフジテレビの朝のワイド番組に出演したあと、ようやく我に返った。

「馬場さんが死んだ……」

足腰の関節にまるで力が入らない。馬場さんはもうこの世にいないんだ。

仕事が手につかない。1週間近く、原稿用紙に向かう気持ちになれなかった。

「モンちゃん、あんまり飲むなよな……」

のんびりした馬場さんの声が頭をよぎり、その存在がいかに大きなものだったのかを実感した。

馬場さんの夢を見た

2018年6月、私は80歳になった。気の遠くなるような年齢に達したと思う。自分でも信じ難い。

80歳になって初めての正月を迎えた2019年1月4日、新日本プロレス新春恒例の東京ドーム大会が行われた。

新日本の東京ドーム大会での仕事が終るのは、いつも11時過ぎになる。その時間から、自宅の最寄り駅である大船まで戻るのはちょっとキツい。胃がんの手術後は、東京ドームホテル泊まりが慣例になっていたが、80代に突入した自分へのご褒美に、今回は東京ステーションホテルに泊まることにした。ここには、リニューアル前に2度ほど泊まったことがある。

チェックインしてみると、何もかも真新しい。いつもの宿泊と違うよそゆきの感覚だった。

3階の長い客室通路は、横浜港に係留されている日本郵船「氷川丸」の客室通路を豪華に幅広くした感じである。異国を旅しているような、いい雰囲気だ。

ベッドに入ると「モンちゃん、あんまり飲むなよなぁ」と、間延びした声の馬場さんの顔が夢のなかに現われたような気がして、こんなことを思い出した。

インター・ヘビー級王者・ジャイアント馬場が絶頂期を迎えたころの話だ。場所は、仙台市内の「森末旅館」だった。

部屋で雑談をしていると、馬場さんは唐突にこんなことをつぶやいた。

「なあー、俺さ、病気とか怪我でプロレスができなくなったらどうすればいいかなあ。どこかで肉体労働でもするしかないなあ」

どう答えていいのか、困惑した。天下のプロレス王者がそんな心配を口にするとは……。打ち解けた関係とはいえ、驚かされたものだった。

怪我や病気に対する不安はわかるが、ここまで本心をさらけ出すのは初めてのことだった。

たしかに、馬場さんの身体は傷だらけだった。

ジャイアンツ時代の脳腫瘍による開頭手術の傷跡。脱腸の手術の傷跡。大洋ホエールズのキャンプに参加している時、風呂場で転倒して大怪我をした左肘を手術した傷跡。さらには、試合中にミスター珍に噛みつかれ、胸板に残った傷などなど……。数えていけばきりがない。

１９８０年4月19日、東京・後楽園ホールで国内３０００試合連続出場を達成したジャイアント馬場は、欠場しないことを誇りとしたことで「無事是名馬」と称されたが、大記録達成の裏に、さまざまな傷跡が隠されていた。

なお、馬場の連続試合出場が３７６４戦でストップしたのは１９８４年4月25日、横浜文化体育館で首を怪我したことによるものだった。

１９６2年4月に開業して以来、ボクシング担当のころから通い続けている水道橋の後楽園ホールでの試合が終ってからの帰路。決まって利用するのが東京駅の10番線ホーム。午後10時30分発小田原行きの「湘南ライナー15号」に、５００円（のちに５１０円）の着席券を購入して8号車に乗るのが常だった。

列車は通常、特急「踊り子」の車両を使用している。座席は二人掛け、テーブル付き。ビールのロング缶、レギュラー缶を1本ずつぶら下げて乗り込み、自宅の最寄り駅、ＪＲ大船駅まで50分足らずの小さな旅をかみさんと2人で楽しんでいる。

若いころの巡業旅気分を思い出すうち、有楽町や新橋のまばゆいネオンが車窓越しに流れ、旅の仲間だったプロレスラーのあの顔、この顔が浮かんでは消える。

「なあ、便秘になったことある？」

脳裏をよぎったのは、例によってゆったりした口調の馬場さん。

あれは、宿泊先の鹿児島は城山観光ホテルだった。2人きりのコーヒー・タイムだった。ビールを飲んでいた私は答えた。

「俺の場合はないな。前の晩、ウイスキーの水割りのような冷たいものを飲んだら、多少ゆるくなるけれど……」

「いいなぁ。俺さ、頑固な時は2、3日出ないこともあるんだ。そういう時に屁をしたら、その臭いこと……ウフフッ」

たった二、三言の会話だったが、いまだに記憶に残っている。思わず笑ってしまったが、馬場さんは真剣だ。たしかに悩ましい話である。

馬場さんと一緒に暮らした元子さん、この臭いのを何発かまされたのだろうか。ガスまみれの生活……お気の毒に、お察し申し上げます。

東京スポーツでの元子さんの渾名は、出身地である兵庫県明石の名産にちなんで「明石のタコ」だった。命名したのは、後輩の全日本担当、長田基記者（現在は牟田姓）である。彼は瀬戸内海の因島育ち。

怒るとプイと横を向き、口を尖らせる元子さん。言い得て妙。ピッタシカンカンの渾名だった。

元子さんは馬場さんに臭い一発をかまされた時も、「もーう！」と怒って明石のタコのようになったのだろうか、２人の夫婦模様をいろいろ想像したくなるのである。

プロレスは時代を映す合わせ鏡

オーッ。なんと朝日新聞出版の硬派の週刊誌「ＡＥＲＡ」２０２０年5月25日号の表紙を飾っているのは、アメリカのメジャー団体ＷＷＥでヒールとして活躍中の中邑真輔ではないか。「コロナに負けるな」というメッセージを発している。

ＷＷＥ（旧ＷＷＦ）といえば、ニューヨークの〝スポーツの殿堂〟マジソン・スクエア・ガーデン（ＭＳＧ）がホームリングである。１９６３年から64年にかけて同地で大悪党として暴れまくったジャイアント馬場の勇姿が重なるのである。

中邑は青山学院大のレスリング部で活躍する傍ら、美術部にも籍を置いた類稀な才能の持ち主だ。描く絵は抽象画。個展を開いたほどの腕前である。

彼が売り出し始めたころ、新日本プロレスの事務所でインタビューをしたことがあった。２０１２年、ちょうど抽象画の巨匠、ジャクソン・ポロック生誕１００年の記念展が開かれていたころだ。

「ジャイアント馬場が絵を描くこと知っている？」と聞くと、「もちろん知っていますよ。馬場さんは油絵でしょう」と笑顔で答えてくれたのを思い起こす。

馬場さんの絵は、海辺の風景や夕焼けの海をモチーフにした抒情派だった。中邑のサイケデリックな抽象画とは対照的である。

半世紀前、ヒールとして大暴れしたジャイアント馬場と、令和の新時代に同じMSGのリングで大活躍の中邑真輔が絵画を接点に結びついているというのも何かの縁なのだろうか。時代の風を感じながら様々な情景がモザイクのように現れては消える。

「AERA」のページをさらにめくっていくと、嫌な顔が現れた。こちらもコロナ禍に見舞われている、アメリカのトランプ大統領だ。

トランプ大統領も、MSGのリングに上がったことがある。2016年の共和党大統領候補予備選挙で演説する姿を初めて見た時から、やることなすこと、あの〝銀髪鬼〟フレッド・ブラッシーにそっくりだと思った。現役時代のブラッシーは、ベビーフェイスとヒールの二つの顔を巧みに使い、平気で手のヒラ返しをするいやらしいタイプだった。

ブラッシーといっても知らない世代が増えただろうが、もうひとつの仇名は〝噛みつき魔〟という、希代の大悪党だ。

ブラッシーは1962年4月に初来日し、力道山に噛みつく流血ファイトをやってのけ、日本テレビの実況中継を見た老人がショック死する事件があった。これが大きな社会問題となり、プロレス放送禁止まで叫ばれる騒ぎになっている。

現役を退いたブラッシーは悪党マネージャーとしても名を売った。1976年6月26日、アントニオ猪木vsモハメド・アリの格闘技世界一決定戦では、アリ陣営のセコンドにつき日本のファンの顰蹙を買ったものだ。

プラチナ・ブロンドで中肉中背、話術が巧みなブラッシーは、人に媚を売るのがうまく、典型的な人たらしだった。嫌な相手には敵意をむき出しにし、傲慢な態度で罵詈雑言を浴びせるのだ。

片や金髪のトランプ大統領は、ブラッシーよりひと回り大きい190センチを超す長身。ブラッシーそっくりのゼスチャアで、演説に迫力があるが、しかし、どうにも後味が悪い。飛び込んでくるアメリカのニュース映像はどうにもこうにも居心地がよくないものばかりだ。分断と格差の社会は落ち着きがない。

ちなみにアメリカの第16代大統領、エイブラハム・リンカーンはレスラーだった。若き弁護士時代、喧嘩が原因でプロレスの試合をしている。リンカーンもかなり長身で、共和党初の大統領だった。トランプ大統領と、経歴にどことなく共通点があるのが面白い。

馬場さんは、私のなかに生きている

馬場さんが亡くなって22年、〝雲上の巨人〟馬場さんは、いまも私の日常の生活に溶け込んでいる。

不思議なことに、がんの手術を受け、胃を全摘出してきてから私の嗜好はガラリと一変した。ジャイアント馬場のようなスイーツ党になったのである。いつも紅茶を飲んでいたのだが、ある日から砂糖たっぷりのコーヒーにスイッチする激変ぶりだ。

馬場さんがそばにいると実感するのは、外食の時の中華料理メニューのオーダーの変化だった。

お昼のランチがチャーハンやギョウザにラーメンだったものが、メニューに排骨拉麺のある町の中華料理屋さんに入るようになった。

馬場さんは中国の酒（老酒）は手にしなかった。私の夜のドリンク・タイムはもっぱら紹興酒に鶏肉とカシューナッツの炒め物である。馬場さんの大好物だった鶏肉とギンナンの炒め物ではない。

私にはキャピトル東急の中華料理「星ヶ丘」に入る財力がない。町の中華で馬場さんの好きだったものを楽しんでいる。

嗜好品が変われば、食生活も変化する。私の3食日記には、30～40代のころには見向きもしなかったアイスクリーム、羊羹、まんじゅう、シュークリームなどスイーツが次々に書き込まれるようになった。自分でも驚くほどの変わりようである。

大福やアイスクリームを食したい時は、ひとりでは恥かしいのでかみさんと一緒である。が、んの手術前までは考えられなかったことだ。嗜好品と味覚の変化は、食生活のスタイルまで変える。塩分少なめ、高血圧の自分にはプラスに作用した食事風景である。

甘いものばかり食しているので、糖尿病が気になる。定期検診の日、主治医に聞いてみた。

「体が必要とするんだから、心配しなくていいよ」という返答だった。

元子さんが、親族や親しかった友人を招き、馬場さんの命日（1月31日）に行われたキャピトル東急ホテルでの1周忌、3回忌、7回忌、13回忌の「偲ぶ会」の記憶が、走馬灯のように甦ってくる。

その席でいつもいただいていた、赤坂山王・日枝神社の節分用の「福豆」と、同ホテル内のレストラン「オリガミ」特製のバナナブレッドの香りが妙に懐しいのだ。

梅雨空の昼下り、自宅の窓の外を眺めると、珍しく雲海から富士山が顔を出している。マンション5階から見るシルエットも悪くない。久し振りに出かけたい気分になった。

大船の雨上がり、観音様のお顔はきれいだ。葉っぱやゴミが流し落とされ、西陽に照らされ光ってみえる。

大船のターミナル駅2階から湘南モノレールに乗って湘南江の島駅へ向かう。15分足らず、7つの駅の小さな路線。3両編成、懸垂式である。かみさんと一緒に、鎌倉どら焼きと鯛焼きを二つ持ってゆらり、ゆらりのミニミニ旅である。

片瀬山のトンネルを抜けると、一気に展望が広がる。ゆるくカーブを描く湘南の海岸線の向こうに見える富士山に、なにか祈りたい心境だ。

２０２０年に開催予定だった東京オリンピックは、新型コロナウイルスの蔓延のため、１年延期となって、２０２１年７月23日に開幕し、８月８日の閉幕まで基本的に無観客のまま17日間の競技を終えた。

私は１９６４年秋の東京オリンピックの現場を記者として踏んでいるので、オリンピックへの思い入れは強い。

「プロレスをやめたら、モンパルナスの丘で絵を描きたいなあ！」

パリでの生活を夢見たジャイアント馬場の笑顔が入道雲の間に浮かんで消えた。

オリンピックは強行開催か、中止か、コロナ禍で揺れた２０２１年の夏、セーリング競技の会場となった江の島は、混乱と混雑の海だった。しかし、藤沢市民のバックアップを受け、オリンピックは無事にレースを終えた。

光る海は波静か。江の島の灯台が、「パリはテロなしでやってほしい」と希望の光を放射しているようだ。

黒富士を背に、大きくカーブを描く湘南の海はいつ見てもいい。

コロナウイルス感染の終息を願いつつ、突堤の釣り人を眺めながら、鯛焼きにパクついた。

「あんこたっぷりで、これ旨いよ。馬場さん……」

あとがき

プロレス一筋58年。飽きもせず、懲りもせず、日本の四季折々に触れ、鉄路の旅を楽しんだ不埒な番記者である。

私のプロレスのお師匠さんは、全日本プロレスの名物レフェリー、ジョー樋口さん（故人）だった。

「モン、法螺《ほら》は許せるが、嘘はだめだぞ。見たことだけ書け！」

外国人係でもあったジョーさんの金言を胸に、昭和、平成、令和と3時代をまたぎ、いまなお試合会場に足を運んでいる。

プロレスの技やルールなんてそっちのけ、プロレスラーの生態を観察するのが面白く、シリーズ巡業旅にどっぷりつかり、日本列島ぐるーりと38〜40回は周遊した。東スポ時代の渾名は〝ドサ回りのモン〟。フリーの身になっても、巡業旅気分が抜けていない。

そんな私の思考の中心にあったのは、生涯現役を貫いたジャイアント馬場（享年61）だった。

プロレスラーが次第に高年齢化していったのは、彼の長年の活躍があったからだと思う。「プロレスは時代を映す合わせ鏡」と記した。２０９センチ、１３５キロの馬場の巨体は、時代を映し出す大きなスクリーンでもあった。

32文の豪快なドロップキックを披露する勇姿とともに、飛び出してきたゴキブリを慌てて新聞紙を丸めて叩く姿、二つのフォルムが私の脳裏に甦る。ジャイアント馬場と馬場正平。その二つの像のギャップが面白く、私はプロレスから離れられなくなった。

本書はフィクションなし、ありのままのレジェンド〝雲上の巨人〟ジャイアント馬場の残像を描写した、私の回顧録である。

執筆に当って、夫人である馬場元子さんから「馬場さんの本、文藝春秋ならＯＫよ」と、了解してもらったのが２０１７年の正月だった。まさか、その元子さんが２０１８年4月に亡くなるとは思ってもみなかった。原稿が全面書き直しである。

しんどかった。左手による2Bの鉛筆書き。長いキャリアの中での初体験、過労による負荷で左手親指・亜脱臼、どうにか脱稿のゴールは、蟬が鳴き出した7月の初旬だった。

馬場元子さんから「ＯＫ」の返事を貰ってから5年近くの月日を費やしている。まさか、これほどの時間を費やす大仕事になるとは思わなかった。

また、この本の出版に当たって、同意、後押しをしてくださった、馬場元子さんの姪の緒方理咲子さんに感謝を申し上げます。

文藝春秋ノンフィクション出版部の向坊健氏には、企画立案から相談に乗っていただき、たいへんお世話になりました。向坊氏とは「Ｎｕｍｂｅｒ」時代からのお付き合い、信頼関係があったからできた仕事です。感謝に堪えません。

後任として担当して下さった今泉博史氏も、「Ｎｕｍｂｅｒ」からの旧知で、２００字原稿用紙で６００枚に及ぶ手書きの原稿を、よく面倒を見てくれました。懇切丁寧なアドバイス、手直しには、「どうもありがとうございました」というほかありません。

あとがきの行間を借りて、東京スポーツ新聞社の米田一生写真部長に「ありがとう」とお礼を述べたい。

２０１９年の秋、血液の難病で亡くなった最高の取材パートナーであった元カメラマン、鈴木皓三氏（後に総務局長）のお別れ会をよく仕切ってくれました。朝日新聞から共同通信までかつての仕事仲間や後輩たちが参集、大変な顔ぶれでした。スーやんもきっと大感激だったと思う。

執筆中には、頼りにしていたわが妻、美佐枝さんが胃がんで入院し、困惑することもあった。彼女ががんを切除し、通院治療を続けながら、資料集めなど、小まめに手助けをしてくれた。感謝の念でいっぱいである。

本書は「妻とふたりで書き上げた馬場さんの思い出」である。
かみさんなしでは、できなかった仕事だった。
みなさんに深く御礼を申し上げます。

2021年9月吉日

門馬忠雄

参考文献

◎書籍

『日本プロレス50年史』（日本スポーツ出版社）
『全日本プロレス25年史「王道闘史」』（ジャイアント・サービス）
ジャイアント馬場『王道十六文』（日本図書センター）
『ジャイアント馬場　王道ミュージアム』（エンターブレイン）
『ジャイアント馬場　オレの人生・プロレス・旅』（ジャイアント・サービス）
馬場元子『ネェネェ馬場さん』（講談社）
和田京平『人生は３つ数えてちょうどいい』（メディアファクトリー）
黒瀬悦成『ジャンボ鶴田　第二のゴング』（朝日ソノラマ）
柳澤健『１９６４年のジャイアント馬場』（双葉文庫）
柳澤健『日本レスリングの物語』（岩波書店）
ジョー樋口『プロレスのほんとの楽しさ』（ベースボール・マガジン社）
ザ・デストロイヤー『マスクを脱いだデストロイヤー』（ベースボール・マガジン社）
『平成スポーツ史　プロレス編』（ベースボール・マガジン社）
グレート小鹿『グレート小鹿の「小鹿注意報！」』（五月書房）

Gスピリッツ編『実録・国際プロレス』(辰巳出版)
『歌がつむぐ日本の地図』(帝国書院)
門馬忠雄『ニッポン縦断　プロレスラー列伝』(エンターブレイン)
門馬忠雄『新日本プロレス　12人の怪人』(文春新書)
門馬忠雄『全日本プロレス　超人伝説』(文春新書)
門馬忠雄『外国人レスラー　最強列伝』(文春新書)

◎新聞・雑誌
朝日新聞
日刊スポーツ
スポーツニッポン
デイリースポーツ
東京中日スポーツ
東京スポーツ
「Sports Graphic Number」
「Gスピリッツ」

本書は書き下ろしです。

門馬忠雄（もんま・ただお）
1938年（昭和13年）、福島県相馬市生まれ。
62年、東京スポーツ新聞社に入社。
入社3年めからプロレス担当となり、
年間200日は出張取材に赴いていたという。
86年に退社し、プロレス評論家となる。
以来、「Sports Graphic Number」などで活躍。
93年に脳梗塞で倒れるが、リハビリ後、執筆活動を続ける。
同じ歳のジャイアント馬場との交流は、35年に及んだ。

雲上《うんじょう》の巨人《きょじん》 ジャイアント馬場《ばば》

二〇二一年十月三十日 第一刷発行

著者 門《もん》馬《ま》忠《ただ》雄《お》
発行者 大松芳男
発行所 株式会社 文藝春秋
〒一〇二-八〇〇八 東京都千代田区紀尾井町三-二三
電話 〇三-三二六五-一二一一

印刷所 理想社
付物印刷所 萩原印刷
製本所 萩原印刷

ISBN978-4-16-391456-5